LÉGISLATION PRUSSIENNE

DES MINES

Traduction par M. CHANSSELLE

Ingénieur principal des Houillères de Saint-Etienne.

ET

M. CUNY

Comptable des Mines de Portes (Gard).

Extrait du *Bulletin de la Société de l'Industrie minérale.* — Deuxième série
— Tome IV, 4me livraison.

SAINT-ÉTIENNE

IMPRIMERIE THÉOLIER FRÈRES

Rue Gérentet, 12.

—

1876

LÉGISLATION PRUSSIENNE

DES MINES

Traduction par M. CHANSSELLE, ingénieur principal des Houillères de Saint-Etienne,

et M. CUNY, comptable des mines de Portes (Gard).

20 novembre 1875.

L'un de nous ayant, dans un voyage en Westphalie, eu l'occasion d'étudier quelques points de la législation prussienne des mines, et, à la suite, d'en traduire quelques parties, dans le moment même où était soulevée, en France, la question de la révision de la loi du 21 avril 1810, nous avons pensé qu'il pourrait être utile de faire connaître à nos collègues, par une traduction complète, la loi fondamentale prussienne, avec quelques documents complémentaires. Cette loi, relativement récente (1865), et profitant ainsi de ce qu'il y avait de bon dans les législations des autres Etats, et des améliorations dont la nécessité était signalée, a été mûrement étudiée, et l'on peut dire qu'elle est vraiment remarquable, et que la législation française aurait bien des emprunts avantageux à lui faire.

Ce travail, que nous avons été heureux de pouvoir faire revoir et vérifier par M. Monin, ingénieur français qui a dirigé pendant 15 ans des mines en Westphalie, comprend les traductions suivantes :

1° Loi générale des mines pour les Etats prussiens, du 21 juin 1865 (1) ;

2° Loi du 22 février 1869, concernant les rapports légaux des exploitations de houille et de lignite dans les contrées pour lesquelles le *Mandat* de la Saxe électorale du 19 août 1743 est en vigueur ;

3° Règlement général de police des mines, du 15 juillet 1873, pour le Cercle administratif de l'*Oberbergamt* de Halle.

La table suivante donne la division des matières contenues dans la loi de 1865 ; les autres documents paraîtront dans une prochaine livraison.

---

(1) Cette loi a unifié la législation dans les diverses parties de la Prusse : jusque-là, une partie des provinces rhénanes était restée régie par la loi française du 21 avril 1810.

DIVISION DES MATIÈRES

LOI GÉNÉRALE DES MINES POUR LES ÉTATS PRUSSIENS, DU 24 JUIN 1865.

RÉSUMÉ DE LA LOI DU 24 JUIN 1865

La loi fondamentale du 24 juin 1865 nous paraît avoir assez d'importance pour que nous croyions bon d'en faire ressortir brièvement les points fondamentaux.

On peut dire que l'esprit qui a prédominé dans la rédaction de cette loi (due, sauf quelques modifications apportées dans la discussion aux Chambres, à M. le Bergrath, ou conseiller des mines, Brassert) est un esprit libéral, convaincu que l'industrie des mines, que la loi de 1810 tenait en tutelle, est maintenant majeure et peut marcher seule ; qu'il ne reste plus qu'à assurer la bonne conduite des exploitations, et qu'il faut simplifier toutes les formalités administratives, et faciliter l'entrée des capitaux dans cette industrie par la libéralité avec laquelle sont accordées les concessions.

Matières concessibles.

La loi prussienne divise les matières minérales en deux classes : celles qui sont concessibles et celles qui ne le sont pas. Les minéraux concessibles, énumérés à l'art. 1er, sont concédés en vertu des droits généraux de souveraineté (droit régalien) et en vue de l'intérêt général. Tous les autres minéraux dont la loi ne s'occupe pas, et parmi lesquels sont nominativement compris les minerais de fer des marais, appartiennent au propriétaire du sol.

Notre expression de *minières* disparaît ; c'est une grande simplification.

L'Etat peut, comme un simple particulier, acquérir et exploiter des mines, en se conformant aux prescriptions de la loi.

Acquisition de la propriété des mines.

Il y a quatre degrés dans la création de la propriété des mines : recherches, demande en concession *(Muthung)*, obtention de la concession, consolidation.

Recherches.   Chacun peut faire des recherches (art. 3-11) avec la permission du possesseur du sol, et sans que l'administration intervienne, sauf dans le cas où le possesseur du sol refuserait son consentement. Il n'y a d'exception que pour les voies et terrains publics, et les cours et jardins, clos de murs, y compris un rayon de protection.

L'indemnité due par avance au possesseur du sol par l'explorateur est égale au produit net dont le possesseur est privé, et non au double comme dans la loi de 1810 ; le possesseur peut réclamer au préalable le dépôt d'une caution pour la dépréciation éventuelle de son terrain. Pour une occupation de plus de trois ans, le possesseur du sol peut exiger l'acquisition.

A défaut d'entente entre l'auteur des recherches et le possesseur du sol, c'est l'administration des mines qui fixe le montant de l'indemnité et de la caution, sauf recours, non suspensif, aux tribunaux.

Dans les terrains déjà concédés pour un minéral, on peut en rechercher d'autres, sauf indemnité, s'il y a lieu, au concessionnaire, qui peut aussi exiger une caution (article 10).

L'auteur des recherches peut librement disposer des minéraux produits par ses travaux.

Demande en concession.   L'explorateur dont les recherches ont été couronnées de succès, l'*inventeur*, a un droit de préférence pour la concession, pourvu qu'il présente sa demande à l'administration des mines dans le délai d'une semaine après le jour de la découverte.

Une demande régulière en concession est donc un titre formel pouvant être soutenu judiciairement contre les opposants. Par conséquent, l'on peut dire, sans exagération, que la priorité de la découverte d'un minéral, dans un terrain non concédé, par un travail quelconque, puits ou galerie, ou un simple trou de sonde, donne un droit indiscutable à un *champ* ou concession de $2.189.000^{m2}$ autour du point de découverte ;

sur le terrain libre, on peut donner à cette concession la forme qu'on veut, pourvu que le périmètre en soit défini par des lignes droites.

La loi prussienne ne présente rien de semblable à ce régime de bon plaisir, en fait de concession, laissé à l'administration française par la loi de 1810 (art. 16 : *Le gouvernement juge des motifs ou considération d'après lesquels la préférence doit être accordée aux divers demandeurs en concession*...), et qui a été cause de tant d'injustices : l'administration française peut déposséder le véritable inventeur au profit de tout autre demandeur, d'une Compagnie exploitante voisine notamment.

En Prusse, le choix du concessionnaire n'appartient pas à l'administration ; la date de la demande, basée sur celle de la découverte, est la seule règle. Cette manière de procéder, si juste et si libérale, jointe à la simplicité des formalités et à leur rapidité (art. 28-32), a été la source du grand développement de l'esprit d'entreprise qui a porté si rapidement la production des combustibles minéraux, en Prusse, à un chiffre si élevé :

En 1855, la Prusse produisait 3.951.426 tonnes de charbon ;
En 1874, elle a produit 31.938.683 tonnes.

Le nombre des concessions accordées depuis la promulgation de la loi de 1865 est énorme.

M. Monin, dont nous avons parlé plus haut, nous fait remarquer que la *libéralité* avec laquelle procède l'administration prussienne des mines, dans la délivrance des concessions, ressort du grand nombre de concessions de minerai de fer accordées en Lorraine ; depuis 1871, *et malgré l'application de la loi française de* 1810, tout le pays, de Novéant à la frontière luxembourgeoise, a été concédé. L'eût-il été sous le régime français ? il est bien permis d'en douter.

L'administration française prescrit les travaux de recherches à faire, s'occupe de ces travaux, décide s'il y a lieu d'établir une exploitation, si elle sera fructueuse, etc. L'administration prussienne ne s'inquiète en rien de tout cela ; elle ne se présente que le jour de la découverte pour la constater. Une fois l'existence du minéral constatée, le droit absolu de concession est établi. L'explorateur prend sa concession par le *Muthung* (demande), et l'administration lui confère la propriété du minéral et la faculté de l'exploiter. Que l'exploitation doive être importante, rémunératrice ou non, que le concessionnaire ait, ou non, les capitaux nécessaires à l'exploitation, ce n'est pas l'affaire de l'administration, qui n'entrave ni ne seconde. Elle ne fait qu'une chose, accélérer les formalités pour l'obtention de la concession, ce qui, en six mois après la constatation de la découverte, est, en général, un fait accompli. Libre au concessionnaire d'exploiter lui-même, de créer une Société pour l'exploitation, de vendre sa concession ; mais il faut, dans un délai de six mois (art. 65), que l'exploitation commence, cela, sous peine de déchéance. Le *Selbsthülfe* (aide de soi-même), l'initiative personnelle, est là, on lui laisse le champ libre, c'est à elle d'agir, et que ne peut-elle pas ?

Nous avons insisté, un peu vivement peut-être, sur cette différence, créée par la législation, entre la manière de procéder, en fait de concessions de mines, en France et en Prusse ; cette discussion n'a pas pour but de glorifier la législation prussienne, qui, arrivant tard, a fait et devait faire mieux que les autres, mais de pousser les esprits qui s'occupent de la question de la révision de notre législation, dans cette voie libérale ouverte par la loi prussienne de 1865, dont nous avons cherché à faire voir les avantages. Reprenons notre analyse de cette loi.

La concession de 2.189.000^{m2}, une fois donnée, le concessionnaire peut en faire faire la délimitation par les géomètres commissionnés par l'administration des mines.

Plusieurs concessions de l'unité d'étendue de 2.189.000^{m2} obtenues peuvent être réunies ; c'est la *consolidation* (art. 41-49) ; on forme ainsi des concessions d'une étendue plus favorable pour l'exploitation.

De la propriété des mines.

Le titre III, chapitre 1ᵉʳ, déclare immobilière, et, comme telle, sujette à l'hypothèque, à la saisie, etc., la propriété des mines (art. 50). De même que plusieurs concessions peuvent être réunies, la division des concessions, l'échange de parties de concessions entre des mines voisines, ont lieu avec l'approbation de l'administration des mines, qui ne peut la refuser que si des raisons majeures d'intérêt public s'y opposent.

La concession donne le droit d'exploiter les anciennes haldes (art. 54). Elle donne un droit de préférence pour les minéraux autres que celui concédé, s'ils doivent être exploités ensemble (art. 55), mais non pour ceux qui ne présentent pas le même état de connexité.

Le concessionnaire a le droit d'user, pour les besoins de son exploitation, des matières non concessibles qu'elle peut produire, sans indemnité au propriétaire du sol ; les quantités non employées par l'exploitation sont remises au propriétaire contre remboursement des frais d'extraction (art. 57).

Le concessionnaire a le droit de faire tous travaux de secours hors de sa concession dans les concessions voisines comme dans les terrains non concédés, sauf indemnité, s'il y a lieu, aux autres concessionnaires (art. 60-63).

Exploitation et administration des mines.

Le chap. 2 du titre III oblige le concessionnaire à mettre et à maintenir sa concession en exploitation, sous peine de déchéance (art. 65-66).

L'exploitation ne peut avoir lieu que d'après un plan approuvé par l'administration, ainsi que les modifications ultérieures, s'il y a lieu (art. 67-71). Un double du plan des travaux, tenu par un géomètre commissionné, est fourni à l'administration par l'exploitant.

Les employés chargés de la direction et de la surveillance de

l'exploitation doivent être présentés, agréés par l'administration des mines, qui, au besoin, peut leur faire passer des exa-
mens (art. 73-77).

Le chap. 3 du titre III règle les relations entre les concessionnaires et leurs ouvriers : délais de départ ou de renvoi,
règlement des salaires, des avances sur salaires, amendes, etc.

Rapports entre les co-intéressés d'une mine.

Le titre IV règle la forme des Sociétés d'exploitation de
mines. La *Gewerkschaft* (Société d'exploitation) est constituée
par des Statuts notariés ou judiciaires ; elle n'est responsable
de ses obligations que jusqu'à concurrence de son avoir social,
comme dans notre Société anonyme. Le nombre des parts
(*Kuxen*) est de 100 ou 1.000. Le capital est variable, et peut
être augmenté par des versements exigibles de toutes les parts.
Les Sociétaires peuvent se délivrer des appels de fonds en
abandonnant la propriété de leurs parts.

Les parts sont indivisibles et meubles ; les titres de parts
sont nominatifs. Les parts peuvent être vendues librement par
les Sociétaires, mais par acte écrit, et qui est transcrit sur le
registre social.

Les Assemblées générales des Sociétaires décident toutes les
questions relatives à la vie de la Société. Il faut une majorité
des $^3/_4$ des voix pour les atteintes portées à l'intégrité de la
mine : vente de fractions de concessions, échanges, hypothèques, amodiations ; l'unanimité des voix pour disposer de la
propriété entière (art. 111-114).

Tout Sociétaire peut attaquer les décisions de l'Assemblée
générale (art. 115-116).

Toute Société doit avoir un représentant ou un Comité de
direction, habitant la Prusse (art. 117), et nommés par l'Assemblée générale ; ils représentent la Société vis-à-vis de l'administration, des tribunaux, des tiers, et ne sont personnellement
responsables que s'ils sortent des limites de leur mandat. Ils

tiennent les livres de la Société ou en dirigent la tenue (art. 121), convoquent les assemblées générales (art. 122).

Si une Société n'a pas de représentant légal, l'administration des mines peut en installer un provisoirement (art. 127).

Rapports entre les exploitants et le possesseur du sol.

Le possesseur du sol *doit* céder à l'exploitant tous les terrains (sauf les bâtiments et clôtures y attenant) nécessaires à l'établissement des travaux *quelconques* nécessaires à l'exploitation (art. 137).

Les indemnités, le dépôt d'une caution, sont les mêmes que pour les recherches ; de même, le possesseur du sol peut exiger l'acquisition au bout de trois ans d'occupation, et celle d'une pièce de terre morcelée (art. 137-139). Dans l'estimation, il est fait déduction de la plus-value que le voisinage de l'exploitation a pu donner au terrain (art. 140). Le possesseur du sol a droit de préemption si le terrain devient inutile (art. 141).

En cas de non-entente entre l'exploitant et le possesseur du sol pour la cession d'un terrain, l'administration des mines intervient, nomme des commissaires, et déclare l'expropriation en fixant le prix (art. 142-147).

En cas de dégradations causées par les travaux aux propriétés de la surface, le concessionnaire paie intégralement les dommages (art. 148). S'ils sont causés par deux ou plusieurs mines, chacune d'elle paie part égale, sauf à régler autrement entre elles la répartition (art. 149).

Il y a prescription au bout de trois ans pour les réclamations des propriétaires en cas de dommages.

Le concessionnaire n'a rien à payer pour les constructions postérieures aux causes de dégradations ; on évite ainsi ces spéculations si fréquentes que nous voyons souvent en France, et qui sont une véritable honte.

Cession de terrain.

Dégradations à la surface.

Déchéance de la propriété des mines.

Le titre VI traite de la déchéance en cas de non-exploitation d'une concession, règle les formalités et l'exercice des droits des tiers.

Associations de prévoyance des ouvriers mineurs.

Le titre VII règle l'établissement des associations de prévoyance des ouvriers mineurs et leur fonctionnement ; elles sont obligatoires pour les ouvriers et pour les exploitants ; ceux-ci doivent y contribuer pour une somme au moins égale à la moitié de la contribution des ouvriers, et sont chargés de la perception des contributions des ouvriers.

Ces associations sont dirigées par un comité de direction, assisté d'un conseil d'*anciens*, nommés moitié par les exploitants, moitié par les ouvriers. L'administration délègue auprès de chaque association un commissaire de surveillance.

De l'administration des mines.

Le titre VIII (art. 187-195) règle l'organisation de l'administration des mines, qui, à trois degrés, comprend :

Le ministre du commerce ;

Les *Oberbergämter* ou administrations supérieures des mines (il y en a cinq dans l'étendue de la monarchie prussienne) ;

Les fonctionnaires de districts.

Ce titre règle leurs attributions. Les *Oberbergämter* sont entièrement substitués aux autorités administratives générales ; l'instruction de toutes les affaires relatives aux mines est, par là, grandement simplifiée.

Police des mines.

L'administration des mines est chargée de la police des mines, dont traite le titre IX, et qui comprend : sûreté des exploitations, des ouvriers, de la circulation publique.

Les *Oberbergämter* publient des ordonnances qui ont force de loi dans tout leur ressort ; nous en donnerons plus loin un exemple, celui de l'*Oberbergamt* de Halle.

En cas de danger, en cas d'accidents, les ingénieurs des mines peuvent prendre la direction des travaux et faire exécuter les mesures qu'ils croient convenables.

Les infractions aux règlements de police des mines sont punies d'amendes dont le maximum est de 187',50.

TITRES X, XI, XII.

Les *Dispositions de droit provincial* du titre X, et quelques-unes du titre XII, maintiennent un certain nombre de priviléges en contradiction avec la loi. On s'étonne qu'on n'ait pas généralisé la loi, moyennant une indemnité. Il en est de même de la loi du 22 février 1869, relative à la Saxe et aux autres provinces, et que nous avons fait suivre.

Les *Dispositions transitoires* du titre XI, se rapportant à d'anciennes lois et coutumes, présentent peu d'intérêt pour nous.

L'article 245 rappelle le mode d'évaluation et de perception de l'impôt des mines, redevance proportionnelle, de 2 % de la valeur des produits vendus, valeur comptée au moment de la vente.

LOI GÉNÉRALE DES MINES POUR LES ÉTATS PRUSSIENS
du 24 juin 1865 (1)

(Recueil des lois prussiennes, 1865, page 705).

TITRE Ier. — DISPOSITIONS GÉNÉRALES.

Art. 1er. — Les matières minérales ci-après désignées sont exclues du droit de libre disposition du propriétaire du sol.

Leur recherche et leur exploitation sont soumises aux prescriptions de la présente loi.

Ces matières sont :

L'or, l'argent, le mercure, le fer, sauf le minerai des marais (*Raseneisenerze*), le plomb, le cuivre, l'étain, le zinc, le cobalt, le nickel, l'arsenic, le manganèse, l'antimoine et le soufre, natifs ou à l'état de minerais ;

Les minerais d'alun et de vitriol ;

La houille, le lignite et le graphite ;

Le sel gemme, avec les sels qui se présentent dans les mêmes gîtes, et les sources salées.

Art. 2. — L'obtention et l'exploitation de mines pour le compte de l'Etat sont également soumises aux dispositions de la présente loi. (Les droits de l'Etat, relatifs au commerce du sel, ne sont en rien changés par cette loi.) (2).

---

(1) Cette loi est actuellement en vigueur dans tous les Etats prussiens. Pour les décrets d'introduction de cette loi dans les contrées conquises en 1866, voir la collection de 1868, pages 1-16, et 1870, pages 30-31.

La loi du 6 mai 1868 l'a aussi introduite avec de faibles modifications dans le grand-duché de Lauenbourg, à dater du 1er juillet 1868, de même que la loi du 1er juillet 1869 dans la principauté de Waldeck et Pyrmont.

On trouve dans le commentaire de la loi générale prussienne des mines, du docteur A. Huyssen, 2me édition considérablement augmentée, des explications sur cette loi et les ordonnances qui en émanent, ainsi que la loi sur les redevances des mines et le recueil des règlements de police. Les modifications introduites par le règlement du 24 juin 1869 sont insérées sous forme de remarques dans le recueil de 1872.

(2) Le monopole de l'Etat pour le commerce du sel est abrogé par la loi et le règlement du 9 août 1867, qui remplacent le monopole par un impôt.

TITRE II. — DE L'ACQUISITION DE LA PROPRIÉTÉ DES MINES.

CHAPITRE 1er. — DES RECHERCHES (*Schürfen*).

Art. 3. — La recherche, dans leur gisement naturel, des minéraux désignés à l'art. 1er, est permise à chacun, sous l'observation des prescriptions suivantes :

Art. 4. — Les fouilles sont absolument interdites sur les places publiques, les routes, les chemins de fer et les cimetières.

Partout ailleurs, les fouilles ne peuvent être interdites que lorsque, d'après l'avis de l'administration des mines, des motifs impérieux d'intérêt public s'y opposent.

Il ne peut être fait de fouilles sous les bâtiments, et autour dans un rayon de deux cents pieds (62^m,77), dans les jardins et dans les clôtures murées, qu'avec le consentement formel du possesseur du sol.

Art. 5. — Celui qui veut exécuter des travaux de recherche sur un sol qui ne lui appartient pas doit demander l'autorisation du possesseur du terrain.

A l'exception des cas déterminés par l'art. 4, le possesseur du fonds, qu'il soit propriétaire ou usufruitier, doit autoriser les fouilles.

Art. 6. — L'explorateur, ou auteur de recherches, est tenu de dédommager annuellement, et par avance, le possesseur du fonds de sa privation de jouissance, et de rendre le terrain à la fin des travaux ; dans le cas où il serait résulté des travaux une dépréciation du sol, l'explorateur doit, en le rendant, une indemnité équivalente à la perte de valeur.

Pour assurer l'exécution de cette dernière obligation, le possesseur du fonds peut exiger de l'explorateur une caution convenable lors de l'occupation du terrain.

Art. 7. — Les droits reconnus au propriétaire du fonds, dans le dernier paragraphe de l'article 137 et dans les art. 138, 139 et 141, lui appartiennent aussi envers l'explorateur.

Art. 8. — Si l'explorateur n'est pas d'accord à l'amiable avec le possesseur du sol pour l'autorisation des travaux de recherche, l'administration supérieure des mines (*Oberbergamt*) (1) décide, par un arrêté, si les travaux peuvent être entrepris, et sous quelles conditions.

L'administration des mines ne peut refuser l'autorisation que dans les cas de l'art. 4.

A défaut d'accord entre les intéressés, elle fixe en argent l'indemnité et la caution (art. 6), sans aucun recours.

En ce qui concerne les frais, on applique l'art. 147.

Art. 9. — Le recours aux voies judiciaires, lorsqu'il ne s'agit que de fixer l'indemnité ou la caution, ne suspend pas le commencement des travaux de recherches, si une indemnité a été payée aux ayants-droit, ou, sur leur refus, légalement déposée, de même que la caution.

Art. 10. — Il peut être procédé, dans le périmètre de concessions de mines (2) appartenant à des tiers, à la recherche des matières minérales sur lesquelles le propriétaire de la mine n'a encore acquis aucun droit.

Cependant, si les travaux de recherche menacent la sécurité de l'exploitation ou sa marche, il appartient à l'administration des mines (*Bergbehörde*) de les interdire.

Le possesseur de la mine peut exiger de l'explorateur, avant le commencement des travaux, une caution proportionnée à l'indemnité présumable.

A cette caution s'appliquent les art. 8 et 9.

Art. 11. — L'explorateur a le droit de disposer des minéraux produits par ses travaux de recherche, en tant que des tiers n'auraient pas déjà acquis des droits sur ces produits.

Le paiement des redevances, pour les recherches, est réglé par les prescriptions relatives aux mines en exploitation.

---

(1) Voir l'art. 189.
(2) Feld, champ.

CHAPITRE 2. — DES DEMANDES EN CONCESSION (*Vom Muthen*) (1).

Art. 12. — La demande d'une concession de mine dans un territoire déterminé — *le Muthung* — doit être présentée à l'administration supérieure des mines (*Oberbergamt*). L'*Oberbergamt* a la faculté de confier aux fonctionnaires des mines du district (*Revierbeamten*) ce pouvoir d'acceptation des demandes de concession pour des districts déterminés.

Cette mission doit être portée à la connaissance du public par la feuille officielle du district et par le *Moniteur de l'Etat*.

Art. 13. — La demande de concession (*Muthung*) doit être présentée en deux exemplaires.

Chaque exemplaire indiquera l'heure et le jour de la présentation ; un de ces exemplaires sera immédiatement renvoyé au demandeur.

Il est valable de notifier par un protocole la demande de concession aux autorités commises à leur réception.

Art. 14. — Toute demande de concession doit contenir :

1° Le nom et le domicile du demandeur ;

2° La désignation du minéral pour l'extraction duquel on demande une concession ;

3° L'indication du lieu où on l'a découvert ;

4° Le nom qu'on se propose de donner à la concession.

Si la demande a pour objet l'extraction d'un minéral se trouvant dans une mine abandonnée, elle doit, au lieu de l'indication 3° du présent article, contenir une déclaration sur la situation de ladite mine.

---

(1) Il importe de bien définir le sens de ces divers mots allemands : *Muthung* signifie demande, demande en concession, après découverte; mais le fait de cette demande constitue déjà le droit ; *Feld*, champ, signifie concession, ou plutôt étendue d'une concession ; la surface d'un *Feld* est fixée, par la présente loi, à 219 hectares environ; plusieurs *champs* isolés (*einzelnen Felder*) peuvent être réunis ou consolidés (*consolidirten Felder*) pour former une concession d'une étendue plus avantageuse pour l'exploitation ; *Bergwerkseigenthum* signifie *concession*, dans le sens de propriété de la concession, propriété de la mine ; *Bergwerkeigenthumer* est le propriétaire de la concession ou de la mine ; *Verleihung* signifie concession, mais dans le sens : acte, par l'administration, de concéder.

Si l'une ou l'autre de ces indications manquait à la demande en concession, le demandeur serait obligé de pourvoir à cette omission dans la huitaine, sur la réquisition de l'autorité compétente, faute de quoi sa demande serait non avenue.

Art. 15. — La validité d'une demande de concession est établie par ce fait que le minéral désigné dans la demande a été découvert dans le terrain spécifié (art. 14) dans son gisement naturel, avant l'introduction de la demande, et que sa présence a été constatée officiellement, que, de plus, il n'existe pas des droits supérieurs de la part de tiers sur la découverte en question.

Art. 16. — Lorsque la demande en concession a été faite pour l'exploitation d'une mine abandonnée (art. 14), il n'y a point lieu d'accomplir d'autres découvertes nouvelles préalables pour la validité de cette demande.

Si toutefois le minéral avait été totalement extrait avant l'abandon de la mine, la demande en concession (*Muthung*) ne serait pas valable.

Art. 17. — Le demandeur doit indiquer la situation et la superficie en lachters carrés (1) du *champ* (*Feld*) ou concession qu'il demande ; il doit fournir en double exemplaire un plan tracé par un géomètre des mines, commissionné (*Markscheider*) (2), ou un arpenteur assermenté, dans lequel seront indiqués : l'endroit de la découverte, les limites de la concession demandée, les points naturels de repère pour l'orientation et le méridien.

L'échelle employée pour la confection de ce plan est indiquée par l'*Oberbergamt* et portée à la connaissance du public par les feuilles officielles du district.

---

(1) D'après l'ordonnance du 17 août 1868 sur les poids et mesures, en mètres carrés.

(2) Voir l'art. 190. — Le *Markscheider* est un géomètre autorisé et commissionné par l'administration des mines (*Konzessionnirt*), qui lève pour les exploitants les plans des travaux, établit les coupes de terrain, etc.

Art. 18. — La déclaration qui est exigée relativement à la situation et à la superficie du champ, de même que le dépôt du plan dont il vient d'être parlé (art. 17), doivent avoir lieu dans les six semaines qui suivent la présentation de la demande de concession devant l'autorité compétente des mines, déléguée à cet effet ; faute de quoi ladite demande est non avenue.

Si le demandeur omet de présenter un second exemplaire du plan, l'administration peut le faire exécuter à ses frais.

Art. 19. — La situation et l'étendue du *champ* demandé ne peuvent être modifiées que dans les limites portées aux plans (1) (art. 17).

Le *champ* ainsi demandé officiellement et désigné sur le plan est, tant que la demande en concession est valable, à l'abri de toute demande en concession de la part des tiers.

Ce privilége date du jour de la présentation de la demande, quelle que soit l'époque où le plan ait été produit, pourvu qu'il qu'il l'ait été dans le délai prescrit par l'art. 18.

Art. 20. — Dès la production du plan (art. 17), la superficie de chaque concession est indiquée par les soins de l'administration des mines sur la carte générale des concessions.

Chacun est libre de consulter cette carte.

Art. 21. — Les travaux d'exploration que le demandeur fait exécuter pendant l'instance pour la concession sont soumis aux mêmes prescriptions que les travaux de recherche (art. 3 à 11).

CHAPITRE 3. — DE LA CONCESSION (*Vom Verleihen*).

Art. 22. — La demande de concession (*Muthung*), faite conformément à la loi, donne droit à l'obtention (ou à la concession, *Verleihung*) de la propriété minière (*Bergwerkseigenthum*) dans le *champ* (*Feld*) déterminé d'après l'art. 27.

---

(1) Ceci, pour sauvegarder les explorateurs voisins, dont les recherches sont moins avancées, et dont on pourrait englober ultérieurement le point de découverte dans le *champ* demandé, en variant la configuration du champ, et par conséquent annuler tous leurs efforts.

Art. 23. — Toutefois, ce droit ne peut être poursuivi par voie judiciaire contre l'administration des mines concédante, mais seulement contre les tiers qui opposeraient au demandeur la prétention d'un droit supérieur.

Art. 24. — Celui qui découvre un minéral dans son gisement naturel, dans son propre terrain (art. 1), ou dans sa mine, ou par des travaux de recherche entrepris selon les prescriptions des art. 3 et 10, a, comme inventeur, un droit de priorité sur tout autre, à l'égard des demandes en concession présentées après le moment où a eu lieu sa découverte.

Toutefois, l'inventeur est tenu de déposer sa demande dans la huitaine de la découverte, faute de quoi son droit de priorité disparaît.

Art. 25. — Dans tous les autres cas, une demande antérieure a l'avantage sur une demande postérieure.

L'antériorité est déterminée par la présentation à l'administration des mines préposée à la réception (art. 12).

Art. 26. — La propriété minière est concédée pour des *champs* dont la configuration à la surface est déterminée autant que possible par des lignes droites et en profondeur par des plans verticaux.

L'étendue est calculée en lachters carrés (1), d'après la projection horizontale.

Art. 27. — Le demandeur a droit :

1° Dans les cercles de Siegen et Olpe, du gouvernement d'Arnsberg, et dans les cercles d'Altenkirchen et Neuwied, du gouvernement de Coblentz, à une concession maximum de 25.000 lachters carrés (109.450 mètres carrés);

2° Dans toutes les autres parties du royaume, à une concession maximum de 500.000 lachters carrés (2.189.000^{m2}).

Dans ces limites superficielles, on peut donner à sa concession la forme que l'on veut, en se conformant néanmoins à

---

(1) En mètres carrés, d'après l'ordonnance du 17 août 1868 sur les poids et mesures.

l'art. 26. Cependant, l'endroit où l'on a trouvé le minéral (art. 15), ou l'ancien point d'exploitation, s'il s'agit d'une mine abandonnée (art. 16), doit se trouver renfermé dans la concession. De plus, s'il s'agit d'une superficie de 25.000 lachters carrés : 1° deux points limites ne doivent pas être éloignés l'un de l'autre de plus de 500 lachters (1,046^m,20), et de 2,000 lachters (4,184^m,80), s'il s'agit d'une étendue concédée de 500,000 lachters carrés (2° du présent article).

Art. 28. — Avant d'obtenir la concession définitive, le demandeur doit faire connaître à l'administration , dans une séance tenue à cet effet à une date qui doit lui être notifiée au moins quatorze jours à l'avance, sa déclaration précise sur la superficie et la délimitation du *champ* demandé, et son opposition à des demandes concurrentes.

Sur la requête du demandeur, la date assignée peut être changée ; on peut aussi fixer un nouveau délai pour le cours de l'instance.

Si le demandeur ne se présente pas au jour fixé pour la séance, il est censé persister dans sa prétention d'obtenir la concession suivant les indications du plan (art. 17), et attendre la décision de l'administration sur sa demande, de même que sur les oppositions et les prétentions des tiers.

Art. 29. — A cette séance (art. 28), et pour faire valoir leurs droits, sont convoqués (avec la remarque qu'en cas d'absence l'administration statuera d'après les débats) :

1° Les demandeurs en concession, dont les droits, résultant de la situation de leur découverte ou de leurs *champs*, concourraient ou pourraient concourir pour le *champ* demandé ;

2° Les représentants de mines recouvertes en tout ou en partie par la concession demandée, et ceux des mines voisines.

Art. 30. — S'il ne se présente aucune prétention ni réclamation de la part des tiers, et si la demande ne présente rien de contraire à la loi, l'*Oberbergamt* délivre sans retard le certificat de concession.

Art. 31. — S'il y a opposition ou concurrence de la part des tiers, ou si on ne peut satisfaire, pour d'autres raisons légales, en partie ou en totalité, à la requète du demandeur, l'*Oberbergamt* prononce, par un arrêté, s'il y a lieu d'accorder ou de refuser la concession ; cet arrêté est notifié à la fois aux demandeurs et aux tiers intéressés.

Les oppositions ou prétentions qui ont été rejetées par la décision de l'*Oberbergamt* peuvent, en tant que la voie judiciaire leur est ouverte, être poursuivies devant les tribunaux dans les trois mois à partir du jour où la décision, ou l'avis d'appel au ministre (art. 191), aura été notifié.

Celui qui n'use pas de ce délai perd tous ses droits.

Les frais occasionnés par des prétentions mal fondées, dans la procédure de concession, sont à la charge de l'opposant.

Art. 32. — Si les obstacles qui s'opposaient à la délivrance de la concession se trouvent levés par une décision de l'*Oberbergamt* ou de l'autorité judiciaire, le certificat de concession est immédiatement délivré.

Art. 33. — Avant d'expédier le certificat de concession, les deux exemplaires du plan (art. 17) sont attestés par l'administration des mines après avoir été rectifiés ou complétés.

Le concessionnaire de la mine reçoit un exemplaire du plan, le second reste entre les mains de l'administration des mines.

Art. 34. — Le certificat de concession doit contenir :

1° Le nom, la profession et le domicile du concessionnaire ;

2° La désignation de la mine ;

3° La superficie et la délimitation de la concession, suivant le plan (art. 33) ;

4° La désignation de la commune, du cercle, du gouvernement provincial, de l'Etat et de la circonscription des mines (*Oberbergamt-Bezirk*) où se trouve la concession ;

5° La dénomination du minéral ou des minéraux pour lesquels la concession est accordée ;

6° La date du certificat ;

7° Le sceau et la signature de l'autorité concédante.

Art. 35. — Le certificat de concession est rendu public dans le gouvernement provincial où se trouve la mine concédée, par la voie officielle, dans les six semaines de son obtention ; cette publication doit mentionner ce paragraphe et le suivant.

Ceux qui prétendent avoir un droit antérieur sur tout ou partie du périmètre concédé ont trois mois, à partir de cette publication, pour poursuivre leur droit en justice contre le concessionnaire, pourvu que l'administration des mines n'ait pas déjà statué sur cette réclamation pendant l'instance en concession.

Passé ce délai de trois mois, aucune réclamation n'est recevable.

Si un jugement reconnaît le bien-fondé de la prétention, l'administration des mines a la faculté de modifier ou d'annuler, suivant les circonstances, le certificat de concession.

Art. 36. — Ce qui est dit à l'article précédent s'applique également aux propriétaires de mines qui croiraient avoir un droit quelconque sur le minéral spécifié dans le certificat de concession qui a été publié, pourvu toutefois que ce droit ne soit point périmé (art. 55), ou que l'administration des mines n'ait point déjà statué sur cette réclamation pendant l'instance en concession (art. 31).

Au reste, les droits de propriété de mines concédées ne sont pas atteints par la forclusion édictée à l'art. 35.

Art. 37. — Durant les trois mois prévus par l'art. 35, chacun peut vérifier le plan dont il est parlé à l'art. 33, dans les bureaux de l'administration des mines.

Art. 38. — Le demandeur supporte les frais de l'instance en concession, à l'exception de ceux qui ont été faits à la suite de réclamations mal fondées et qui restent à la charge de la partie perdante, conformément à l'art. 31.

CHAPITRE 4. — DE LA DÉLIMITATION DES CONCESSIONS.

Art. 39. — Le propriétaire de la mine a le droit d'exiger le mesurage et le bornage officiels du périmètre (*champ*) fixé par l'acte de concession.

Le même droit appartient aux propriétaires de mines limitrophes.

Cette opération est exécutée, sous la direction de l'administration des mines, par un géomètre commissionné (*Markscheider*) ou un arpenteur juré.

Celui qui a demandé le travail en supporte les frais.

Art. 40. — Outre le propriétaire de la mine, et les représentants des mines limitrophes, sont appelés à assister au mesurage et au bornage les possesseurs des terrains sur lesquels les bornes doivent être plantées.

Les possesseurs du sol sont obligés d'en permettre l'accès, ainsi que la mise en place des bornes, moyennant indemnité du dommage causé.

CHAPITRE 5. — DE LA CONSOLIDATION.

Art. 41. — La réunion de deux ou de plusieurs mines en un seul tout (*Konsolidation*) est soumise à la sanction de l'administration supérieure des mines (*Oberbergamt*).

Art. 42. — Il est exigé, pour la Consolidation :

1° Un acte authentique de Consolidation, notarié ou judiciaire, et, suivant le cas, un traité ou une décision des co-intéressés ou une déclaration du propriétaire unique ;

2° Deux exemplaires du plan de l'ensemble des concessions à consolider, dressé par un géomètre commissionné (*Markscheider*) ou un géomètre assermenté ;

3° La désignation du nom donné à la mine consolidée.

Art. 43. — Comme la réunion consolidée ne peut être frappée d'hypothèques et d'autres charges réelles que sur son ensemble (voir art. 98), dans le cas où quelqu'une des mines constituantes serait grevée d'hypothèques ou autres droits réels, ou d'un privilége selon le droit rhénan, il doit être joint, à l'acte de consolidation, un acte dressé avec le concours des intéressés et portant fixation de leurs droits transportés sur l'ensemble, et du rang qui leur est attribué.

Art. 44. — Dans tous les autres cas, l'acte de consolidation doit déterminer la part proportionnelle de chacune des mines dans la Consolidation. A ces cas s'appliquent les prescriptions spéciales des art. 45 à 48.

Art. 45. — Le contenu essentiel de l'acte de Consolidation, notamment la détermination de la part proportionnelle (art. 44), est porté par l'*Oberbergamt* à la connaissance des créanciers hypothécaires inscrits au registre des hypothèques, et des autres intéressés dont le désistement exprès n'est pas joint à l'acte ; la signification porte mention de ce paragraphe et des deux suivants.

La publication a lieu, en outre, dans la feuille officielle de la province (*Regierung*) où est située la mine.

Art. 46. — Les créanciers hypothécaires et autres ayant-droit, ainsi que les créanciers privilégiés selon le droit rhénan, qui croiraient leurs droits amoindris par l'attribution des parts proportionnelles, ont la faculté d'y faire opposition.

Ce droit d'opposition doit être exercé par une action judiciaire dans les trois mois de la publication au journal officiel (art. 45).

Celui qui n'en a pas usé dans ce délai est déchu de son droit d'opposition.

Art. 47. — Au lieu d'intenter cette action, les créanciers ci-dessus désignés et autres réels intéressés peuvent demander d'être désintéressés avant le terme, en tant que la nature de l'obligation le permet.

Ce droit doit également être exercé dans le délai fixé à l'art. 46, sous peine de déchéance.

Art. 48. — Avec la sanction de la consolidation (art. 49), le droit réel est transporté sans autre formalité sur l'ensemble consolidé, en proportion des quote-parts fixées précédemment (art. 44 à 46).

Art. 49. — S'il n'existe pas de créanciers hypothécaires ou autres ayant-droit réels, ni de créanciers privilégiés du droit rhénan, ou si la convention indiquée à l'art. 43 existe, ou si, dans le cas de l'art. 44, les oppositions n'ont pas été formées, ou, enfin, si les oppositions ont été levées (art. 46 et 47), l'administration des mines se prononce sur la sanction de la Consolidation.

La sanction ne peut être refusée que lorsque les *champs* de quelques mines ne sont pas contigus, ou que des raisons d'intérêt public s'y opposent.

Les actes de concession de chacune des mines sont joints à l'acte de sanction.

Ce qui concerne la législation, la remise et la conservation des plans est régi par les dispositions de l'art. 33.

TITRE III. — DE LA PROPRIÉTÉ DES MINES (*Von dem Bergwerkseigenthume*).

CHAPITRE 1er. — DE LA PROPRIÉTÉ DES MINES EN GÉNÉRAL.

Art. 50. — La propriété des mines, établie par l'acte de concession, est immobilière.

Art. 51. — Le partage réel du *champ* d'une mine en plusieurs champs indépendants, ainsi que l'échange de parties de concessions entre des mines contiguës, sont soumis à la sanction de l'*Oberbergamt*.

Elle ne peut être refusée que pour des motifs impérieux d'intérêt public.

Les créanciers hypothécaires et autres ayant-droit réels, ainsi que les créanciers privilégiés du droit rhénan, qui, par le partage ou l'échange, croient leurs droits atteints, peuvent exiger d'être désintéressés avant l'échéance, autant que la nature de leur créance le permet. Ce droit doit être poursuivi, sous peine de déchéance, dans le délai fixé par l'art. 46. La śanction est accordée avec la procédure prescrite par les art. 42, 45 et 49 pour les cas précédents.

Dans l'échange, le droit des créanciers sus-désignés et des autres intéressés passe, par le fait de la sanction de l'*Oberbergamt*, et sans autre formalité, sur la mine qui s'incorpore la partie échangée, et, par contre, cette partie est libérée de toute charge réelle.

Art. 52. — La propriété des mines, pour ce qui concerne l'aliénation, l'hypothèque et la saisie, ainsi que les priviléges du droit rhénan, est régie par les prescriptions générales en vigueur pour la propriété foncière.

Les contrats de vente de mines ou des parts de propriété ou actions (*Kuxen*) ne peuvent être contestés pour cause de dépréciation excessive, la dépréciation serait-elle de plus de la moitié.

Art. 53. — Les prescriptions légales générales sur la tenue des livres d'hypothèques et des registres d'hypothèques rhénans, la vente à l'encan (*Subhastation*), le concordat et le rang des créanciers, s'appliquent aussi à la propriété minière, en tant que la présente loi ne le fixe pas autrement (art. 246 à 249).

Art. 54. — D'après les dispositions de la présente loi, le propriétaire de la mine a le droit exclusif de rechercher et d'exploiter, dans le champ concédé, le minéral dénommé dans l'acte de concession, ainsi que d'établir au fond ou au jour les installations nécessaires.

Ce droit s'étend aussi aux haldes d'une exploitation antérieure, existant dans le champ de la concession.

Art. 55. — Lorsque d'autres minéraux se présentent avec le minéral dénommé à l'acte de concession dans une connexité telle que, d'après la décision de l'*Oberbergamt*, basée sur des motifs techniques ou de police, l'exploitation ne peut en être séparée, le propriétaire de la mine a, dans son périmètre, droit de préférence pour la demande en concession de ces minéraux.

Si un tiers introduit une demande relative à ces minéraux, elle est communiquée au propriétaire de la mine qui doit, sous peine de perdre son privilége, déposer une demande en concession dans les quatre semaines qui suivent cette communication.

Le propriétaire de la mine n'a aucun droit de préférence lorsque les minéraux ne se trouvent pas dans l'état de connexité indiqué précédemment.

Art. 56. — Lorsque le droit d'exploitation de différents minéraux dans un même *champ* appartient à divers propriétaires, chacun d'eux a le droit, en suivant un plan régulier d'exploitation de son minéral, d'extraire également ceux des autres exploitants, en tant que l'*Oberbergamt* a décidé qu'ils ne peuvent être séparés pour les motifs énoncés dans l'art. 55.

Ces minéraux, appartenant à l'autre partie, doivent lui être livrés sur sa demande contre remboursement des frais d'exploitation et d'extraction.

Art. 57. — Le propriétaire d'une mine a le droit d'employer, pour les besoins de son exploitation, sans aucun dédommagement au propriétaire du sol, les minéraux non désignés à l'art. 1er, qu'il rencontre dans son exploitation.

S'il n'en fait pas emploi pour son exploitation, il est tenu de les livrer au propriétaire du terrain, sur sa demande, contre remboursement des frais d'exploitation et d'extraction.

Art. 58. — Le propriétaire de la mine a le droit d'établir et de mettre en activité les installations nécessaires à la préparation des produits des mines.

Art. 59. — Les chaudières à vapeur et moteurs servant à l'exploitation de la mine et aux ateliers de préparation (art. 58), sont soumises aux prescriptions des lois d'industrie générale.

Dans le cas où l'établissement ou la modification de ces installations, d'après les lois qui régissent l'industrie, sont, en outre, sujettes à une permission spéciale de police, les autorités locales de police sont remplacées par les agents des mines du district, et le gouvernement provincial (*Regierung*) par l'*Ober-bergamt*.

L'*Oberbergamt* et le gouvernement provincial prononcent, par un arrêté pris en commun, sur l'admissibilité des moteurs hydrauliques.

Art. 60. — Le propriétaire de la mine a le droit d'établir des travaux de secours (*Hülfsbaue*) sur les territoires non concédés (*freien Felde*, champs libres).

Ce droit lui appartient également sur les concessions voisines au cas où ces travaux tendent à faciliter l'écoulement ou l'épuisement des eaux, l'aérage ou une exploitation plus avantageuse de la mine, et pourvu que, d'ailleurs, les exploitations voisines n'en éprouvent ni trouble ni préjudice.

Ces travaux de secours sont une dépendance de la mine intéressée, ou des mines intéressées, si les propriétaires de deux ou de plusieurs mines se sont réunis pour leur établissement en commun, lorsqu'il n'y a pas d'autres conventions.

Art. 61. — Si le propriétaire de mine dans la concession duquel le travail de secours doit être fait, conteste l'obligation où il se trouve de le permettre, l'*Oberbergamt* en décide, sans recours possible aux voies judiciaires.

Art. 62. — Lorsqu'un travail de secours est établi dans la concession d'un autre propriétaire de mine, celui qui a été autorisé doit un dédommagement complet pour tous les dommages causés par son travail.

Art. 63. — Les minéraux (art. 1er) produits par l'exécution d'un travail de secours dans un *champ* non concédé, sont considérés comme faisant partie de l'exploitation de la mine autorisée à faire ce travail.

Quand le travail a lieu dans une autre concession, les minéraux extraits doivent être remis gratuitement au propriétaire de la concession, sur sa demande, s'ils font l'objet de sa concession.

Art. 64. — Le propriétaire de la mine a le droit d'exiger la cession du sol et du terrain nécessaire aux travaux qu'il a projetés (articles 54 à 60), en suivant les prescriptions du titre V.

CHAPITRE 2. — EXPLOITATION ET ADMINISTRATION.

Art. 65. — Le possesseur d'une mine est tenu de l'exploiter, lorsque l'*Oberbergamt* a décidé que des motifs d'intérêt public s'opposent à la cessation ou au chômage de l'exploitation.

Dans ce cas, l'*Oberbergamt* a le droit d'exiger du propriétaire, après l'avoir entendu, la mise en exploitation ou la reprise de l'exploitation interrompue, dans un délai de six mois, et, s'il ne se rend pas à cette invitation, de poursuivre la dépossession d'après les règles du titre VI.

Art. 66. — Le concessionnaire est obligé d'informer l'administration des mines, au moins quatre semaines à l'avance, de la mise en exploitation de la mine.

Art. 67. — Les travaux doivent toujours être conduits d'après un plan d'exploitation.

Ce plan est soumis à l'examen de l'administration des mines, et il doit à cet effet être déposé avant son exécution.

Cet examen est limité aux mesures de police déterminées dans l'art. 196.

Art. 68. — Si l'administration des mines ne fait pas opposition à ce plan dans les quinze jours de son dépôt, le propriétaire est autorisé à l'exécuter.

Si, au contraire, dans ce délai, l'administration soulève des objections, elle doit, dans le même délai, inviter le concessionnaire à venir discuter, à une date fixée, les dispositions d'exploitation sujettes à objection.

Si l'accord ne s'établit pas par cette voie, l'*Oberbergamt* fixe, par un arrêté, les modifications au plan d'exploitation sans lesquelles il ne peut être mis à exécution.

Art. 69. — Les art. 67 et 68 s'appliquent aussi aux modifications ultérieures du plan d'exploitation.

Si, par suite d'évènements imprévus, des modifications

immédiates sont nécessaires au plan d'exploitation, il suffit que le directeur de l'exploitation en informe l'administration dans les quinze jours.

Art. 70. — Si une exploitation est conduite contrairement aux prescriptions des art. 67 et 69, l'administration des mines a le droit de la suspendre.

Art. 71. — Si le possesseur d'une mine veut en suspendre l'exploitation, il doit en donner avis à l'administration au moins quatre semaines d'avance.

Si, par suite d'évènements imprévus, l'exploitation doit être suspendue dans un plus bref délai ou sur le champ, l'avis doit en être donné au plus tard dans les quinze jours après l'arrêt.

Art. 72. — Le propriétaire d'une mine doit faire dresser à ses frais le plan de la mine en double exemplaire par un géomètre commissionné (*Markscheider*) et le faire tenir régulièrement au courant.

L'*Oberbergamt* prescrit les périodes de temps dans lesquelles aura lieu la mise au courant.

Un des exemplaires du plan de mine doit être remis pour son usage à l'administration des mines, l'autre doit être conservé à la mine, ou, à défaut d'un lieu convenable, chez le directeur de l'exploitation.

Art. 73. — L'exploitation ne peut avoir lieu que sous la direction, la surveillance et la responsabilité de personnes dont la capacité est reconnue.

Art. 74. — Le propriétaire de la mine doit déclarer à l'administration des mines le nom des personnes préposées à la direction et à la surveillance de l'exploitation, telles que le directeur, les maîtres-mineurs, les surveillants techniques, etc.

Ces personnes sont tenues de prouver leur capacité dans les attributions qui leur sont dévolues, et de se soumettre, à cet effet, à un examen, si les autorités des mines l'exigent.

Ce n'est qu'après que leur capacité est constatée par cet examen que les personnes désignées peuvent entrer en fonctions.

Art. 75. — Lorsque l'exploitation est conduite ou surveillée par une personne qui n'a pas fait ses preuves (art. 74) ou qui en a perdu la capacité, l'autorité a le droit d'exiger son éloignement immédiat, et, s'il est nécessaire, de suspendre l'exploitation jusqu'à ce qu'une personne éprouvée en soit chargée.

Art. 76. — Les personnes qui ont entrepris la conduite ou la surveillance de l'exploitation sont responsables de la bonne exécution du plan d'exploitation, ainsi que de l'observation des ordonnances et règlements prescrits par la loi ou publiés en conséquence de la loi.

Art. 77. — Elles sont obligées d'accompagner les agents de l'administration des mines en service qui visitent la mine, et de leur donner, sur leur demande, tous renseignements sur l'exploitation.

Art. 78. — Le concessionnaire est tenu de permettre aux personnes qui se destinent à la carrière des mines et munies d'un permis de circulation de l'*Oberbergamt*, la visite des chantiers et ateliers, en vue de leur instruction.

Art. 79. — Le concessionnaire est tenu de fournir à l'administration des mines, dans le temps et la forme voulus, les renseignements statistiques prescrits par le ministre du commerce.

CHAPITRE 3. — DES OUVRIERS MINEURS.

Art. 80. — Les rapports contractuels entre les propriétaires de mines et les ouvriers mineurs sont soumis aux lois générales, en tant que les dispositions suivantes ne le fixent pas autrement.

Si les propriétaires de mines font des règlements de travail pour leurs chantiers et ateliers, ils doivent les porter à la connaisssaissance de l'administration des mines, en même temps qu'ils les publient dans leurs ateliers.

Art. 81. — Lorsqu'il n'y a pas d'autre convention, les engagements peuvent être résiliés par chacune des parties par une déclaration faite quatorze jours à l'avance.

Art. 82. — Les ouvriers mineurs peuvent être congédiés avant la fin de l'engagement et sans déclaration préalable :

1° Lorsqu'ils se sont rendus coupables d'un vol, d'une infidélité, d'inconduite manifeste, d'une grossière désobéissance ou d'indiscipline marquée ;

2° Lorsqu'ils ont transgressé une prescription de police relative à la sécurité du travail dans la mine ;

3° Lorsqu'ils se sont permis des voies de fait ou des injures contre le propriétaire de la mine, ses représentants ou ses employés ;

4° Lorsqu'ils sont devenus incapables de continuer le travail ou qu'ils sont atteints d'une maladie répugnante.

Art. 83. — Les ouvriers mineurs peuvent abandonner le travail avant la fin de l'engagement et sans déclaration préalable :

1° Lorsqu'ils deviennent incapables de continuer le travail ;

2° Lorsque les propriétaires de la mine ou ses représentants se portent sur eux à des voies de fait ;

3° Lorsque, sans raison suffisante, on leur retient le salaire promis, ou toutes autres rétributions.

Art. 84. — Le propriétaire de la mine ou son représentant est obligé de donner au mineur partant un certificat sur le genre et la durée de son travail et, s'il le demande, sur sa conduite ; la signature est légalisée sans frais par les autorités locales de police.

Si le certificat est refusé, l'autorité locale de police en délivre un aux frais de l'exploitant.

Si le certificat porte contre l'ouvrier des accusations qui pourraient l'empêcher de trouver du travail, il peut requérir l'autorité locale de police de procéder à une enquête, et, dans le cas où l'accusation n'est pas fondée, cette autorité le constate sur le certificat.

Art. 85. — Le propriétaire de la mine ou son représentant ne peuvent admettre au travail un ouvrier qu'ils savent avoir déjà été occupé dans les mines, avant qu'il ne leur ait remis le certificat de l'exploitant pour lequel il a travaillé en dernier lieu, ou, à défaut, le certificat de l'autorité locale de police (art. 84).

Art. 86. — Les propriétaires de mines sont tenus de payer en argent comptant les ouvriers qu'ils occupent. Ils ne peuvent les solder en marchandises.

Ils peuvent, cependant, porter en compte sur les salaires, le logement, le chauffage, les locations de terrain, la pension régulière (nourriture), ainsi que les outils et le matériel nécessaires au travail.

(Un troisième alinéa est abrogé par les art. 134-139 du règlement de l'industrie.)

Art. 87. — Les dispositions de l'art. 86 s'appliquent aussi aux membres de la famille, aides, agents, chargés d'affaires, facteurs et surveillants des propriétaires de mines, ainsi qu'aux industriels, dans l'affaire desquels une des personnes citées est interessée, directement ou indirectement.

Art. 88. — Les ouvriers mineurs, dont les créances auraient été comptées autrement qu'en argent comptant, contrairement aux prescriptions des articles 86 et 87, peuvent en tout temps en exiger le paiement en argent comptant.

Art. 89. — Les conventions contraires aux art. 86 à 89 sont nulles.

Il en est de même de conventions verbales entre les propriétaires de mines ou leurs représentants, d'une part, et les ouvriers mineurs, de l'autre, pour l'achat des objets nécessaires à la vie, dans certains établissements de débit, ainsi que pour l'emploi, en général, de leur salaire à un usage autre qu'une participation à une institution ayant pour but l'amélioration du sort de l'ouvrier et de la famille (art. 86) (1).

Art. 90. — Les avances en marchandises, faites aux ouvriers

---

(1) Sociétés de consommation, etc.

malgré l'interdiction qui précède, ne peuvent être l'objet de poursuites par les propriétaires de mines où leurs mandataires, ni portées en compte ou autrement réclamées, sans qu'il y ait à considérer si ces marchandises appartiennent directement aux intéressés ou s'ils leur sont acquises ; ces créances sont reversées au crédit de la Caisse de prévoyance dont la mine fait partie.

Art. 91. — Les contraventions aux art. 86 et 87 sont punies d'une amende qui peut s'élever à 500 thalers (1875 fr.), et, dans le cas d'insolvabilité, d'un temps de prison proportionné. S'il y a récidive, la punition est doublée.

Chaque condamnation rendue exécutoire est publiée aux frais du condamné dans la feuille officielle et les autres feuilles publiques du cercle de la résidence de ce dernier et de l'ouvrier mineur intéressé.

Art. 92. — Les amendes infligées en vertu de l'art. 91, ou pour les contraventions de l'art. 85, sont attribuées à la Caisse de prévoyance désignée dans l'art. 90.

Art. 93. — Dans chaque mine, on doit tenir une liste des ouvriers occupés, donnant leurs noms et prénoms, l'année de leur naissance, leur domicile, le jour d'entrée et de sortie, ainsi que la date du dernier certificat de travail.

Cette liste est présentée, sur leur demande, aux agents de l'administration des mines.

TITRE IV. — DES RAPPORTS LÉGAUX ENTRE LES CO-INTÉRESSÉS D'UNE MINE.

Art. 94. — Deux ou plusieurs co-intéressés d'une mine forment une Société d'exploitation (*Gewerkschaft*).

La Société peut régler sa constitution particulière par des statuts notariés ou fixés par voie judiciaire ; ils doivent réunir l'assentiment des trois quarts au moins des parts, et avoir l'approbation de l'*Oberbergamt*.

Les dispositions des art. 95 à 110, 114, alinéa 2, et 123 à 128, ne doivent pas être modifiées par les statuts.

Art. 95. — La Société porte le nom même de la mine, à moins qu'elle n'en ait choisi un autre dans les Statuts.

Art. 96. — La Société peut, en son nom, acquérir des droits, contracter des obligations, acquérir des propriétés et des droits sur des mines et des propriétés foncières, attaquer et se défendre en justice.

La juridiction ordinaire de la mine appartient au tribunal du district où elle est située.

Art. 97. — La mine est inscrite au livre des hypothèques sous le nom de la Société, en tant que l'organisation hypothécaire le permet.

Art. 98. — La mine ne peut être hypothéquée ou frappée d'autres charges réelles que par la Société et dans son ensemble.

Art. 99. — Pour les engagements pris, la Société ne répond que par son avoir (1).

Art. 100. — Le retrait de membres isolés (*Gewerken*) n'entraîne pas la dissolution de la Société. Ils ne peuvent pas non plus demander le partage.

Art. 101. — Le nombre des parts sociales (*Kuxen*) est de 100.

Les statuts peuvent porter ce nombre à 1.000.

Les parts sociales (*Kuxen*) sont indivisibles. Elles sont considérées comme valeurs mobilières.

Art. 102. — Les Sociétaires (*Gewerken*) participent au gain ou à la perte en proportion du nombre de leurs parts (2).

---

(1) La différence entre la Société civile et la *Gewerkschaft* consiste en ce que, dans la Société civile, chaque membre est responsable sur sa fortune personnelle des dettes de la Société, tandis que, dans la *Gewerkschaft*, c'est la Société, par son avoir, qui est responsable, sans qu'on puisse s'en prendre à la fortune personnelle des co-intéressés au-delà des versements votés, en tant que le Sociétaire abandonne sa part et la met à la disposition de la Société.

(2) *Kuxe* ou *Antheil* est une part dans la propriété du charbonnage. Le *Kuxschein* est le titre de part. On ne peut employer le mot *action*, qui est aussi allemand, et ne peut être appliqué à la désignation de la *part*. L'idée attachée à l'*action* est bien différente de celle attachée à la *part*, ou *Kuxe*.

Ils sont obligés, dans la proportion de leurs parts, de contribuer au paiement des obligations passives de la Société et aux dépenses d'exploitation (art. 129 et 130).

Art. 103. — La Société tient un registre de tous ses membres et de leurs parts (*Kuxen*) ; c'est le registre social (*Gewerkenbuch*) ; on délivre aux membres qui le demandent un titre de participation (*Kuxschein*) extrait de ce registre.

Ces titres sont fournis pour chaque part ou pour plusieurs ensemble, au choix de l'intéressé.

Les titres de parts (*Kuxscheine*) sont toujours nominatifs et ne peuvent être au porteur.

Le renouvellement d'un titre de participation ne peut se faire que contre sa remise ou après son annulation légale (*amortisation*).

Art. 104. — Les titres de participation peuvent être transférés à d'autres personnes sans le consentement des autres Sociétaires.

Les Sociétaires n'ont pas légalement de droit de préférence pour le rachat des titres transférés.

Art. 105. — Le transfert d'une part doit se faire par un acte écrit.

Le cédant est tenu de livrer le titre de part, ou, s'il est perdu, à en poursuivre à ses frais la déclaration d'annulation (*Amortisationserklärung*).

La transcription au registre social (*Gewerkenbuch*) n'est opérée que sur le vu de l'acte de transfert et sur la présentation du titre de part ou de la déclaration d'annulation.

Art. 106. — Celui qui est désigné dans le registre social comme propriétaire de la part est considéré comme tel par la Société, pour l'exercice de ses droits.

Art. 107. — Dans l'aliénation volontaire des parts, le propriétaire antérieur reste responsable, envers la Société, pour les versements (art. 102) dont la perception a été décidée avant la demande officielle de transcription, au registre social, des parts vendues (art. 105).

Art. 108. — La mise en gage des parts, en vertu d'une obligation écrite, a lieu sur la remise du titre de part.

Art. 109. — L'action en exécution de paiement envers la part d'un Sociétaire s'exécute par la saisie de son titre de part et par la vente selon les règles de l'adjudication mobilière.

Art. 110. — L'annulation (*Amortisation*) d'un titre perdu est poursuivie devant le tribunal ordinaire dans la circonscription duquel est située la mine.

Le demandeur doit justifier de la possession et de la perte du titre.

Le tribunal invite, par une sommation publique, le détenteur inconnu du titre à le présenter dans les trois mois au tribunal, avec avertissement que, faute de cette présentation, le titre sera déclaré sans valeur.

La sommation est insérée à trois reprises dans le journal officiel, le *Moniteur de l'Etat* (*Staatsanzeiger*), et un journal de la province.

La publication dans un journal étranger peut aussi être ordonnée.

Si quelqu'un produit le titre, le demandeur en est informé et admis à faire valoir son droit contre le détenteur.

Si personne ne se présente, le tribunal déclare le titre sans valeur.

Art. 111. — Les actionnaires prennent leurs résolutions en assemblée.

Le droit de vote s'exerce d'après les parts et non d'après les personnes.

Art. 112. — Il est nécessaire, pour la validité d'une décision, que tous les actionnaires soient présents ou qu'ils aient été convoqués à l'Assemblée, la convocation indiquant l'ordre du jour.

Les convocations par la poste ont lieu contre une attestation de remise de la poste.

Les Sociétaires qui n'habitent ni la Prusse, ni un état de la

Confédération allemande, doivent désigner dans le pays un
fondé de pouvoirs qui reçoit les convocations. S'il n'en est pas
ainsi, il suffit d'afficher pendant quinze jours la convocation
dans le bureau de l'agent des mines du district (*Revierbeamte*).
On procède de même pour les actionnaires dont le domicile est
inconnu.

Art. 113. — Les décisions sont prises, dans l'Assemblée
régulièrement constituée, à la simple majorité des voix.

Une première Assemblée est régulièrement constituée lorsque
la majorité de toutes les parts est représentée.

Si la majorité des parts n'est pas représentée, tous les Sociétaires sont convoqués à une deuxième Assemblée.

La deuxième Assemblée est régulière, sans égard au nombre
des parts représentées. Cette conséquence, quand elle peut se
produire, doit être indiquée dans la convocation.

Il est dressé un procès-verbal de chaque Assemblée.

Art. 114. — Une majorité des trois quarts au moins des
parts est nécessaire pour les décisions par lesquelles il doit être
disposé en tout ou en partie de l'objet de la concession, —
substance de la mine. — Cette disposition s'applique notamment aux cas de vente, échange, hypothèques ou d'autres
charges réelles imposées à la mine, ainsi qu'à l'amodiation de
l'exploitation.

L'unanimité est nécessaire quand il s'agit de renoncer à la
propriété de la mine concédée, ou d'en faire donation.

Art. 115. — Dans un délai de quatre semaines, à partir du
jour de la décision de l'Assemblée, tout Sociétaire peut en
appeler au juge ordinaire du district dans lequel est située la
mine, à l'effet de juger si la décision répond aux intérêts de la
Société et d'en poursuivre l'annulation.

Il peut être déterminé par les statuts qu'en pareil cas le diffé-
rend sera vidé par un tribunal arbitral dont ils fixent la com-
position et la manière de procéder.

Ces dispositions ne sont pas applicables à la décision prise en
conformité de l'art. 94.

Art. 116. — L'instance en annulation de la décision prise par l'Assemblée n'en suspend pas l'exécution.

Si la décision est annulée, elle ne perd son efficacité qu'à dater de la mise à exécution du jugement.

Ces dispositions ne sont pas applicables aux décisions concernant les sujets désignés à l'art. 120.

Art. 117. — Chaque Société est tenue d'avoir un représentant résidant dans le pays et déclaré nominativement comme tel à l'administration des mines.

La Société, au lieu d'un représentant unique, peut désigner un comité directeur composé de deux ou plusieurs personnes.

Des personnes qui ne sont pas sociétaires peuvent être nommées à titre de représentants ou de membres du Comité directeur.

Art. 118. — Le choix a lieu dans une Assemblée régulièrement constituée (art. 113) et à la majorité absolue des voix. Si la majorité n'est pas obtenue au premier tour, on soumet à un nouveau vote les deux personnes qui réunissent le plus grand nombre de voix. Dans le cas d'égalité de suffrages, le sort décide.

Dans le cas d'égalité des suffrages obtenus par deux personnes soumises au second tour de scrutin, le sort décide également entre elles.

Le procès-verbal des opérations de l'élection doit être notarié ou judiciaire. Une expédition en est délivrée, à titre de validité de pouvoirs (*Legitimation*) au représentant ou au Comité directeur de la mine.

Art. 119. — Le représentant ou le Comité directeur représente la Société dans toutes les affaires judiciaires ou extra-judiciaires.

Un pouvoir spécial ne leur est nécessaire que dans les cas déterminés à l'art. 120.

Ils prêtent tous serment au nom de la Société.

Lorsque l'Assemblée des Sociétaires vient à limiter ou étendre les droits du représentant ou du Comité, ces stipulations doivent être ajoutées dans l'acte de *légitimation* (art. 118)

Art. 120. — Le représentant ou le Comité directeur a besoin d'un pouvoir spécial de l'Assemblée des Sociétaires :

1° Lorsqu'il s'agit de questions qui ne peuvent être décidées que par une majorité des trois quarts au moins des parts (*Kuxen*), ou à l'unanimité ;

2° Lorsqu'il s'agit de demander des versements aux Sociétaires.

Art. 121. — Le représentant ou le Comité directeur tiennent le registre social (*Gewerkenbuch*) et délivrent les titres de parts (*Kuxscheine*) (art. 103).

Ils sont tenus de donner leurs soins à la tenue des autres livres nécessaires à la Société et de les communiquer à tout sociétaire, sur sa demande.

Art. 122. — Le représentant ou le Comité convoque les Assemblées de Sociétaires.

Ils doivent, si la mine est en activité, convoquer annuellement les actionnaires et leur rendre un compte d'administration complet et justifié.

Le représentant est obligé à la convocation d'une Assemblée lorsque les possesseurs d'un quart au moins des parts le demandent. S'il néglige de faire la convocation, elle a lieu par les soins de l'administration des mines, si celle-ci en est requise.

L'administration des mines peut aussi, sur semblable requête, convoquer l'Assemblée des Sociétaires pour délibérer sur la présentation on la révocation d'un représentant ou d'un Comité directeur.

Art. 123. — Le représentant a le droit et l'obligation de recevoir toutes les assignations et autres communications, pour la Société, avec leur plein effet légal.

Si la Société a constitué un Comité directeur, un membre de ce Comité, désigné dans l'acte de *légitimation*, doit être particulièrement chargé de cette réception. Quand cela n'a pas été fait, les communications peuvent être faites à tout membre du Comité.

Art. 124. — Les dispositions des art. 120, 121 et 122 peuvent être modifiées, mais seulement par des Statuts en règle (art. 94) ; celles de l'art. 123 ne peuvent être en rien changées.

Dans aucun cas, la représentation de la Société ne peut être retirée au représentant ou au Comité pour les négociations avec l'administration des mines, la Caisse de prévoyance des mineurs (*Knappschaftsverein*) ou autres institutions relatives à l'exploitation, non plus que pour les procès dirigés contre la Société et la prestation de serment dans ces procès.

Art. 125. — La Société est engagée ou fondée en droit pour toutes les affaires judiciaires conclues en son nom par le représentant ou le Comité directeur.

Il est indifférent que l'affaire ait été conclue expressément au nom de la Société ou qu'il résulte des circonstances que la volonté des contractants était d'agir au nom de la Société.

S'ils agissent en dehors des limites de leur mandat ou contre les prescriptions du présent titre, ils répondent personnellement, ou, selon le cas, solidairement, du dommage causé.

Art. 127. — L'administration des mines est en droit d'inviter une Société à constituer un représentant ou un Comité directeur dans le délai de trois mois.

Si son invitation n'est pas suivie d'effet, l'administration des mines peut, jusqu'à exécution, établir un représentant et lui attribuer une rémunération convenable, à fournir par la Société ; le cas échéant, le recouvrement est rendu exécutoire par voie administrative.

Ce représentant intérimaire a les droits et les devoirs déterminés dans les art. 119 à 123, en tant que l'administration des mines n'y a mis aucune restriction.

Art. 128. — Les questions juridiques qui peuvent être soulevées par la constitution d'un représentant ou d'un Comité sont jugées d'après les prescriptions générales sur le *mandat*, autant que le présent titre ne le fixe pas autrement.

Art. 129. — L'action dirigée contre un Sociétaire en paiement des versements décidés par l'Assemblée ne peut être intentée avant le délai de quatre semaines fixé par l'art. 115. Si dans ce délai le sociétaire engage une instance en annulation de la décision (art. 115), l'action contre lui ne peut avoir d'effet avant le jugement d'annulation.

L'instance contre le sociétaire ne peut être poursuivie que devant le juge ordinaire du district où est située la mine.

La procédure à suivre dans les deux instances est réglée par les prescriptions existantes pour les cas d'urgence.

Art. 130. — Le sociétaire peut détourner sa condamnation et son exécution, en remettant son titre de part à la Société, qui en opère la vente.

Art. 131. — La vente de la part a lieu par voie d'adjudication mobilière, selon la prescription de l'art. 109.

Les frais d'adjudication sont d'abord prélevés sur le produit ; les versements sont ensuite payés.

Si la part ne peut être réalisée, elle est répartie entre les autres sociétaires en proportion de leurs parts, et si la répartition n'est pas possible, elle est inscrite au registre social comme propriété libre de charges de la Société.

Art. 132. — Tout sociétaire peut renoncer librement à sa part lorsqu'elle n'est grevée d'aucun versement à effectuer ou autre obligation, et du consentement exprès des créanciers ; le titre (*Kuxschein*) est alors remis à la Société.

La part est ensuite vendue par le représentant au profit de la Société, à moins que celle-ci n'en dispose autrement.

Si la part ne peut se vendre, on procède comme il est dit à l'art. 131.

Art. 133. — Les dispositions des art. 94 à 132 cessent d'être applicables si les rapports légaux des intéressés sont autrement réglés par un traité ou une déclaration volontaire. Ces conventions doivent, pour être valables, revêtir la forme notariée ou judiciaire. L'acte doit être communiqué aux autorités des mines.

Les participants à un héritage indivis ou à une autre masse commune dont fait partie une mine ne sont pas considérés comme co-intéressés de la mine, dans le sens de l'art. 94.

Art. 134. — Dans le cas de l'art. 133, quand les co-intéressés d'une mine ne forment pas une Société dont la représentation est réglée par les lois générales, il doit être nommé un représentant résidant dans le pays et désigné à l'administration des mines ; celle-ci est autorisée à procéder selon l'art. 127.

Il en est de même si l'unique propriétaire d'une mine habite à l'étranger.

Ce représentant a les attributions désignées par l'art. 124 comme ne pouvant jamais être retirées au représentant ou au Comité directeur d'une Société. Toute modification serait nulle.

TITRE V. — DES RAPPORTS LÉGAUX ENTRE LES EXPLOITANTS ET LES PROPRIÉTAIRES DU SOL.

CHAPITRE 1er — DE LA CESSION DU SOL.

Art. 135. — Si, pour les travaux de l'exploitation, soit pour les travaux souterrains eux-mêmes, pour les haldes, quais de chargement et places de dépôt, chemins, voies ferrées, canaux, machines, conduites d'eau, travaux de secours, magasins et autres bâtiments au jour, constructions et engins quelconques en vue de l'exploitation, pour les ateliers de préparation désignés par l'art. 58, ainsi que pour les canaux et les réservoirs d'eaux salines, l'occupation d'un terrain étranger est nécessaire, le possesseur, propriétaire ou usufruitier, est tenu d'en céder la jouissance à l'exploitant.

Art. 136. — Cette cession ne peut être refusée que pour des raisons impérieuses d'intérêt public.

Le possesseur d'un terrain portant des maisons d'habitation, des bâtiments agricoles ou industriels, et les cours clôturées y attenantes, ne peut jamais en être dépossédé contre sa volonté.

Art. 137. — Le propriétaire de mine est obligé envers le possesseur du sol à une indemnité annuelle pour privation de jouissance, payable par avance, et il est tenu de rendre le terrain après l'occupation.

Si, par suite de l'occupation, le terrain a subi une dépréciation permanente de valeur, le propriétaire de la mine doit en indemniser le propriétaire à la fin de l'occupation. Ce dernier, en garantie d'exécution de cette obligation, peut exiger la constitution d'une caution convenable lors de la cession du terrain. Dans le cas de dépréciation, le propriétaire du sol est en droit d'exiger que l'exploitant en fasse l'acquisition.

Art. 138. — De même, quand il est bien établi que l'occupation du terrain doit durer plus de trois ans, ou si elle continue effectivement après trois années, le propriétaire peut exiger que l'exploitant en fasse l'acquisition.

Art. 139. — Lorsque, par la cession de quelques-unes de ses parties, un terrain est morcelé de telle sorte que le reste ne peut plus être convenablement utilisé, le propriétaire de la mine, sur la demande du possesseur du sol, doit payer l'indemnité annuelle (art. 137) pour le tout.

Dans la même hypothèse, le propriétaire d'un pareil terrain peut exiger que l'exploitant en fasse l'entière acquisition.

Art. 140. — Dans la cession ou l'acquisition forcées d'un terrain pour des établissements miniers, les augmentations de valeur que le terrain aurait acquise par le fait même de ces établissements, ne sont pas prises en considération pour le règlement de l'indemnité ou du prix d'acquisition.

Art. 141. — Les parcelles aliénées pour l'exploitation de la mine sont soumises à un droit de préemption, si dans la suite elles ne sont plus nécessaires à l'exploitation.

Ce droit de préemption appartient au propriétaire actuel du terrain amoindri par l'aliénation, d'après les principes légaux qui régissent sous ce rapport les Compagnies de chemins de fer.

Art. 142. — Si, dans le cas des art. 135 à 139, les intéressés ne peuvent s'accorder à l'amiable sur la cession ou l'acquisition du sol, l'*Oberbergamt* et le gouvernement provincial
(*Regierung*) décident par un arrêté pris en commun sur quelle
surface et à quelles conditions aura lieu l'occupation ou l'acquisition du terrain par le propriétaire de la mine.

Art. 143. — Avant la décision, les deux parties doivent
être entendues, et le terrain examiné sur place par des commissaires délégués par les deux autorités auxquelles appartient la
décision.

La détermination de l'indemnité d'occupation provisoire du
terrain ou de cession de propriété, ainsi que de la caution
mentionnée à l'art. 137, est faite également par ces commissaires, à défaut d'accord amiable entre les intéressés.

Pour cette détermination, ils doivent s'adjoindre des experts ;
chaque partie a le droit de désigner un expert. Si le choix n'a
pas été fait dans un délai à fixer par les commissaires, ces der-
niers nomment les experts.

En tout cas, les commissaires peuvent adjoindre un troisième
expert aux premiers.

Art. 144. — L'arrêté qui prononce l'occupation ou l'acquisition forcées d'un terrain doit le désigner avec précision, fixer
l'indemnité à payer au propriétaire , et la caution , le cas
échéant ; enfin, contenir les autres stipulations de la cession ou
de l'acquisition.

Art. 145. — Contre l'arrêté de l'*Oberbergamt* et du gouvernement provincial, les deux parties ont le recours aux minis-
tres desquels ressortissent ces deux autorités.

Ce recours doit être déposé à l'*Oberbergamt* selon les prescriptions spéciales des art. 192 et 193. Le recours ne s'applique pas à la fixation de l'indemnité et de la caution.

Le recours aux voies judiciaires, en ce qui concerne l'obligation de cession d'un terrain, n'est admissible que dans le cas
où l'on prétend s'y soustraire en vertu du deuxième alinéa de
l'art. 136 ou d'un titre de droit particulier.

Art. 146. — Le recours aux voies judiciaires, lorsqu'il ne s'agit que de la fixation de l'indemnité ou de la caution, ne suspend pas la prise de possession du terrain si l'indemnité fixée a été payée aux ayants-droit, ou, sur leur refus, légalement déposée, ainsi que la caution.

Art. 147. — Les frais de la procédure d'expropriation sont supportés en première instance par le propriétaire de la mine et en appel (*Rekursinstanz*) par la partie qui succombe.

CHAPITRE 2. — DES INDEMNITÉS POUR DÉGRADATIONS DES PROPRIÉTÉS SUPERFICIELLES.

Art. 148. — Le propriétaire de la mine est obligé à une indemnité complète pour tous les dommages causés à la propriété du sol ou ses dépendances par les travaux du fond ou du jour, sans qu'il y ait à considérer si l'exploitation a été faite ou non sous le terrain endommagé, si la dégradation provient ou non de la faute de l'exploitant, ou si elle pouvait ou non être prévue.

Art. 149. — Quand le dommage est causé par l'exploitation de deux ou de plusieurs mines, les propriétaires de ces mines sont obligés solidairement et par parties égales.

Les propriétaires de mines peuvent entre eux discuter une autre répartition et se rembourser mutuellement ce qui aurait été payé en excédant par une ou plusieurs des parties.

Art. 150. — Les propriétaires de mines ne sont pas obligés à indemniser du dommage causé par l'exploitation à des bâtiments ou autres établissements, lorsque ceux-ci ont été élevés dans un temps où le danger que pouvait leur faire courir l'exploitation ne pouvait être ignoré par le propriétaire du sol.

Lorsque, dans la prévision de ce danger, les établissements projetés ne peuvent s'exécuter, le possesseur du sol n'a nul droit à une compensation pour la diminution de valeur que subit le terrain, s'il résulte des circonstances que le projet d'élever ces établissements n'a été mis en avant qu'en vue de réaliser une indemnité.

Art. 151. — Les prétentions à indemnité pour un dommage causé par l'exploitation (art. 148, 149) doivent, lorsqu'elles ne reposent pas sur un contrat, être poursuivies judiciairement dans le délai de trois années, à dater du temps où la partie lésée a connu le dommage et son auteur ; après ce délai, il y a prescription.

Art. 152. — Les art. 148 à 151 s'appliquent également aux dégradations du sol et de ses dépendances, causées par les travaux de recherche et d'exploration.

CHAPITRE 3. — DES RAPPORTS DE L'EXPLOITATION ET DES TRAVAUX PUBLICS.

Art. 153. — L'exploitant n'a nul droit de protester contre l'exécution des chaussées, chemins de fer, canaux, et autres moyens publics de communication pour l'établissement desquels le droit d'expropriation a été donné à l'entrepreneur par une loi ou par une ordonnance spéciale du souverain.

Avant la fixation de la direction à donner à ces voies, ceux sur les mines desquels elles doivent passer doivent être entendus par l'autorité compétente sur la direction et le mode d'exécution qui nuiront le moins possible à la propriété minière.

Art. 154. — Si l'exploitation était autorisée avant les travaux publics entrepris (art. 153), l'exploitant a le droit de réclamer une indemnité de l'entrepreneur. L'indemnité n'est accordée que dans le cas où la création de ces travaux publics oblige l'exploitant à l'établissement de constructions qu'il n'eût pas faites sans cela, ou à la suppression, à la modification des constructions existantes.

Si les parties intéressées ne s'accordent pas à l'amiable sur le montant de l'indemnité, elle est fixée, les deux parties entendues, par un arrêté, provisoirement exécutoire, de l'*Oberbergamt*, mais sous réserve de recours aux voies de droit.

Art. 155. — Lorsque des exploitants, en possession de leur concession avant la mise en vigueur de la présente loi, élèvent des prétentions à indemnité qui dépassent ce que leur accorde l'art. 154, la cause est jugée d'après les lois antérieures.

TITRE VI. — DE LA DÉCHÉANCE DE LA PROPRIÉTÉ DES MINES.

Art. 156. — Lorsqu'il est officiellement reconnu qu'un propriétaire de mine n'a pas suivi l'invitation à lui faite, selon la prescription de l'art. 65, de mettre la mine en exploitation ou d'en reprendre l'exploitation interrompue, l'*Oberbergamt* peut déclarer, par un arrêté, l'ouverture de la procédure de déchéance.

Art. 157. — Le propriétaire de la mine a le droit, dans un délai de quatre semaines à partir du jour auquel l'arrêté ou la décision d'appel qui provoque la déchéance (art. 191) lui a été signifié, d'introduire devant le tribunal du district de la mine une instance en annulation de l'arrêté de l'*Oberbergamt*. Après ce délai, le droit d'opposition est éteint.

Art. 158. — Si le propriétaire de la mine ne fait pas opposition, ou si l'opposition est judiciairement repoussée, l'arrêté est signifié aux créanciers hypothécaires inscrits, ainsi qu'aux autres ayant-droit réels, et en outre publié sous la mention de ce paragraphe et des suivants, dans la feuille officielle du gouvernement provincial.

Art. 159. — Tout créancier hypothécaire ou autre intéressé réel, ainsi que le créancier privilégié du droit rhénan, est autorisé, dans un délai de trois mois à partir du jour de la signification de l'arrêté ou de sa publication dans la feuille officielle, à poursuivre la vente à l'encan de la mine devant le juge compétent et à ses frais, sous réserve de la restitution de ces frais sur le prix d'achat.

Celui qui n'a pas usé de ce droit dans le délai indiqué perd tout recours après la prononciation de déchéance de la propriété minière (art. 160).

Le propriétaire de la mine peut aussi poursuivre à ses frais la vente de la mine, dans le même délai de trois mois.

Art. 160. — Si la vente à l'encan n'est pas poursuivie, ou si elle n'amène pas la vente de la mine, l'*Öberbergamt* prononce, par un arrêté, la déchéance de la propriété de la mine.

Par suite de cette déchéance s'éteignent toutes les prétentions sur la mine, de quelque nature qu'elles puissent être.

Art. 161. — Si le propriétaire d'une mine déclare devant l'autorité minière y renoncer volontairement, il est ensuite procédé d'après l'art. 158, de même qu'à la suite de l'arrêté relaté à cet article.

Le droit concédé dans l'art. 159 aux créanciers hypothécaires et aux autres ayant-droit réels, ainsi qu'aux créanciers privilégiés du droit rhénan, leur appartient aussi dans ce cas, et les dispositions de l'art. 160, relatives à la déchéance, s'y appliquent également.

Art. 162. — On procède aussi d'après l'art. 161, lorsque la renonciation volontaire ne comprend qu'une partie de la concession.

Art. 163. — Après la déchéance, le propriétaire dépossédé ne peut enlever les boisages, cuvelages et maçonneries des travaux de mines qu'autant que, d'après la décision de l'administration des mines, aucune raison de police ne s'y oppose.

Art. 164. — Les frais qui résultent de la procédure près des autorités minières, réglée par le présent titre, sont à la charge du propriétaire de la mine.

TITRE VII. — DES ASSOCIATIONS DE PRÉVOYANCE POUR LES OUVRIERS MINEURS (*Knappschaftsvereinen*).

Art. 165. — Il sera institué en faveur des ouvriers des mines, salines et ateliers de préparation soumis au régime de la présente loi, des associations de prévoyance (*Knappschaftsvereinen*) ayant pour objet de procurer assistance aux associés et à leurs familles, conformément aux dispositions prescrites par la loi.

Lorsque des établissements industriels non soumis à la surveillance de l'administration des mines sont exploités simultanément avec les mines, les ouvriers de ces établissements peuvent, sur une demande faite en commun par ces ouvriers et par les propriétaires de ces établissements, être admis à faire partie de l'association de prévoyance des ouvriers mineurs, par l'administration de cette association.

Les associations de prévoyance acquièrent, par l'approbation de leurs statuts, la qualité de personnes civiles.

Art. 166. — Les Sociétés de prévoyance existantes restent en activité. Elles tombent sous l'application du présent titre. Leurs Statuts doivent être mis en concordance avec les art. 170, 176 et 181 à 186.

Les propriétaires et les ouvriers des usines et ateliers de préparation non soumis à la présente loi, faisant partie actuellement d'associations de prévoyance d'ouvriers mineurs, peuvent s'en retirer d'un commun accord.

Art. 167. — La délimitation des districts pour lesquels de nouvelles associations de prévoyance doivent être fondées dépend de la décision des intéressés. A défaut d'entente amiable, l'*Oberbergamt* en décide, après avoir entendu les chefs d'industries et les délégués élus par les ouvriers.

Art. 168. — Toutes les mines, avec les ateliers de préparation, toutes les salines (art. 165), situées dans le ressort d'une *Knappschaftsverein* ou association de prévoyance, existante ou nouvellement fondée, ainsi que leurs ouvriers, ont la faculté et l'obligation de s'affilier à cette institution, conformément aux dispositions spéciales de ses statuts.

Sont également admis à cette affiliation les employés des établissements industriels, ainsi que les employés préposés à l'administration de l'association de prévoyance.

Art. 169. — Les statuts de chaque association de prévoyance

nouvellement fondée sont arrêtés par les chefs d'industries et un comité élu par les ouvriers. Ces statuts doivent être soumis à l'approbation de l'*Oberbergamt* qui ne peut la refuser que dans le cas où les statuts s'écarteraient des prescriptions de la loi.

Lorsque les statuts ne sont pas arrêtés dans le délai d'une année, l'*Oberbergamt*, après réquisition préalable, les établit d'office.

Art. 170. — Toute modification aux statuts d'une association de prévoyance doit être décidée par les associés, dans les formes prescrites par les statuts ; elle doit obtenir ensuite l'approbation de l'*Oberbergamt*, conformément à l'art. 169.

Art. 171. — Chaque association de prévoyance est tenue, en suivant les prescriptions de ses statuts, de fournir au moins les avantages ci-après à ceux de ses membres qui jouissent de tous leurs droits :

1° En cas de maladie, le traitement médical et les médicaments gratuits pour chaque membre personnellement ;

2° Une indemnité pécuniaire suffisante, lorsque la maladie ne provient pas d'une faute grave de leur part ;

3° Une contribution pour les frais des funérailles des associés et des invalides ;

4° Une pension de retraite viagère en cas d'incapacité de travail survenue sans faute grave de leur part ;

5° Un secours aux veuves, leur vie durant, ou jusqu'à ce qu'elles se remarient ;

6° Une subvention pour l'éducation des enfants d'associés ou d'invalides décédés, jusqu'à l'âge de 14 ans accomplis.

Les associés dont les droits sont les moins étendus doivent recevoir au moins les secours indiqués dans les n°s 1 et 2 et, quand ils ont été blessés pendant leur travail, les secours indiqués dans les n°s 3 et 4.

Art. 172. — Il peut être constitué pour la distribution des secours mentionnés aux n°s 1, 2 et 3 de l'article 171, de commun accord entre les chefs d'industrie (*Werkbesitzer*), les anciens (*Knappschaftsältesten*) et le comité de direction (*Knappschaftsvorstande*) de l'association, des caisses spéciales de secours en cas de maladie, soit par tous les établissements affiliés à la même association, soit par chaque établissement isolé, soit par un groupe de ces établissements. Les statuts de ces caisses spéciales sont arrêtés et approuvés conformément à l'art. 169.

Elles sont placées sous la surveillance du comité de direction de l'association de prévoyance. Les statuts de celle-ci contiennent des dispositions relatives aux caisses spéciales et déterminent la réduction de subvention à payer à la caisse principale.

Art. 173. — Les droits des associés aux secours délivrés par les associations de prévoyance et de secours en cas de maladie ne sont ni cessibles, ni saisissables.

Art. 174. — Les ouvriers, ainsi que les chefs d'industries qui les emploient, doivent contribuer aux caisses de prévoyance et de secours en cas de maladie.

Art. 175. — La cotisation des ouvriers s'effectue, soit par la retenue d'un tantième de leur salaire, soit par un versement fixe équivalent.

La cotisation des chefs d'industrie doit s'élever au moins à la moitié de la cotisation de leurs ouvriers.

Art. 176. — Les chefs d'industries sont obligés, et peuvent y être contraints, d'opérer le recouvrement de la cotisation de leurs ouvriers et d'en faire le versement.

Ils sont tenus de communiquer régulièrement la liste de ceux-ci au comité de direction de la *Knappschaftsverein*, aux époques déterminées par les statuts.

A défaut de cette communication, le comité de direction fixe d'office, par approximation, le nombre d'ouvriers d'après lequel les cotisations doivent être versées, ou signale à l'*Oberbergamt*, à fin de mise en demeure, les chefs d'industries négligents.

Art. 177. — Après fixation préalable de l'*Oberbergamt*, toutes les cotisations destinées aux caisses de prévoyance ou de secours sont recouvrables par voie d'exécution administrative.

Le recours en justice ne suspend pas l'exécution.

Art. 178. — L'administration de chaque association de prévoyance se compose d'un comité de direction (*Knappschafts- vorstand*), assisté des *anciens* de l'association (*Knappschafts- ältesten*).

Art. 179. — Les anciens sont élus, au nombre fixé par les statuts, parmi et par les employés et ouvriers appartenant à la même association.

Les employés et ouvriers invalides peuvent être déclarés éligibles par les statuts.

Les anciens participent, au nom des associés, à l'élection du comité de direction ; ils ont le droit et l'obligation, d'une part, de veiller à l'observation des statuts par les membres de l'asso- ciation, d'autre part, de sauvegarder les droits de ceux-ci vis- à-vis du comité (1).

Leurs devoirs sont réglés par les statuts ou par une instruc- tion spéciale (art. 181).

Art. 180. — Les membres du comité de direction sont élus, conformément aux dispositions spéciales des statuts, pour une moitié, par les concessionnaires ou leurs représentants, et, pour l'autre moitié, par les Anciens, soit dans leur propre sein, soit parmi les employés de l'administration des mines ou des employés civils des exploitations.

Art. 181. — Le comité de direction représente l'association vis-à-vis des tiers, préside à l'élection des Anciens, nomme les employés et les médecins, contracte avec eux, ainsi qu'avec les pharmaciens, donne les instructions nécessaires, administre l'avoir social, et veille à tous les autres intérêts que lui confient les statuts.

_____

(1) C'est un Conseil de surveillance.

Art. 182. — Le compte-rendu annuel doit, après vérifi-cation préalable par le comité de direction, être tenu à la disposition des Anciens et des chefs d'industries, pour examen et observations, s'il y a lieu, avant que le comité n'en donne décharge au trésorier.

Art. 183. — L'*Oberbergamt* est tenu de surveiller l'exécution des statuts et, en particulier, l'administration de l'avoir social.

Art. 184. — L'*Oberbergamt* nomme, auprès de chaque association de prévoyance, un commissaire chargé d'exercer ce droit de surveillance.

Ce commissaire a la faculté d'assister à toutes les séances du comité de direction, dont il doit être averti au moins trois jours d'avance, et de suspendre toute décision contraire aux statuts. Il donne immédiatement connaissance de cette suspension à l'*Oberbergamt*.

Art. 185. — Le comité de direction doit permettre en tout temps à l'*Oberbergamt* et à son commissaire, l'inspection des procès-verbaux de ses délibérations, des livres de comptabilité et des comptes-rendus, ainsi que la vérification de la caisse.

Il est tenu également de donner à l'*Oberbergamt* les renseignements nécessaires pour dresser la statistique des associations de prévoyance des ouvriers mineurs.

Art. 186. — Les plaintes contre l'administration du comité de direction doivent être portées devant l'*Oberbergamt* et, en instance ultérieure, devant le ministre du commerce.

TITRE VIII. — DE L'ADMINISTRATION DES MINES.

Art. 187. — Les autorités composant l'administration des mines (*Bergbehörden*) sont :

Les fonctionnaires de district (*Revierbeamten*) (1) ;

---

(1) Ces fonctionnaires correspondent assez bien à nos ingénieurs ordi-naires des mines.

Les administrations supérieures des mines (*Oberbergämter*) (1) ;

Le ministre du commerce (*Handelsminister*).

Art. 188. — Les circonscriptions des *Oberbergämter* sont
fixées par une ordonnance royale, celles des fonctionnaires de
district par le ministre du commerce.

Art. 189. — Les fonctionnaires de districts sont, dans leur
circonscription, le premier degré pour toutes les affaires soumises par la présente loi à l'administration des mines, lorsqu'ells ne sont pas expressément réservées aux *Oberbergämter*.

Ils exercent notamment la police des mines, d'après les
prescriptions de la loi.

La sauvegarde des droits de l'Etat, relativement à l'impôt
des mines, est aussi de leur ressort.

Art. 190. — Les *Oberbergämter* ont la surveillance sur les
fonctionnaires de districts et forment la juridiction de recours
contre les décisions de ces fonctionnaires.

Les géomètres (*Markscheider*) sont aussi sous leur surveillance.

Ils examinent et commissionnent les *Markscheider* et procè-
dent, s'il y a lieu, au retrait des commissions accordées.

Ils surveillent l'instruction des personnes qui se préparent
au service administratif des mines.

Ils traitent, en outre, les affaires qui leur sont expressément
attribuées par la présente loi.

Les *Oberbergämter*, enfin, ont, dans le cercle de leurs attributions, les droits légaux et les obligations des gouvernements
provinciaux (*Regierungen*).

Art. 191. — Le recours contre les décisions et arrêtés des

---

(1) Nous avons, dans toute cette traduction, conservé le mot allemand
Oberbergamt ; cette institution n'existe pas en France, ce mot n'est tra-
duisible que par l'expression : *Conseil supérieur des mines,* qui a chez
nous un sens très-différent, puisqu'il n'en existe qu'un.

fonctionnaires de districts est porté devant l'*Oberbergamt*, et le recours contre les décisions et arrêtés de l'*Oberbergamt* devant le ministre du commerce, en tant que la loi n'exclut pas expressément le recours.

Art. 192. — Le recours doit être formé dans un délai de quatre semaines à partir du jour de la notification ou de la publication de l'arrêté ; au-delà de ce délai, le droit de recours s'éteint.

Art. 193. — Dans les cas où, d'après la présente loi, un arrêté de l'*Oberbergamt* est nécessaire, ou dans le cas d'ordonnances contenant une décision entre parties contentieuses, le recours doit être déposé, dans le délai de quatre semaines (art. 192), devant l'autorité même qui a pris la décision attaquée. Le dépôt fait à une autre autorité ne garantit pas la validité du recours.

Dans les cas où il y a litige entre parties, l'acte de recours doit être notifié à la partie adverse pour réplique, dans un délai de quatre semaines à partir du jour de la remise. Si la réplique n'a pas eu lieu dans ce délai, les pièces du recours sont, sans autre formalité, envoyées à la décision.

Art. 194. — Les frais faits près de l'administration des mines en affaires de mine peuvent être recouvrés par voie d'exécution administrative. contre les personnes qui doivent les supporter d'après la présente loi.

Art. 195. — Les fonctionnaires des mines de l'Etat, leurs femmes et leurs enfants soumis à l'autorité paternelle, ne peuvent, dans leur circonscription administrative, acquérir par voie de demande de concession (*Muthung*), aucune mine, ni aucune part de mine (*Kuxe*).

Les acquisitions du même ordre par autres voies légales entre vifs sont soumises à l'approbation du ministre du commerce.

TITRE IX. — DE LA POLICE DES MINES.

CHAPITRE 1er. — DE LA PUBLICATION DES PRESCRIPTIONS DE POLICE.

Art. 196. — Les exploitations de mines sont, pour la police, soumises à la surveillance des autorités des mines.

Cette surveillance s'étend :

A la sûreté de l'exploitation ;

A la sûreté de la vie et de la santé des ouvriers ;

A la protection de la surface dans l'intérêt de la sûreté des personnes et de la circulation publique ;

A la protection contre les influences insalubres de l'exploitation.

Les établissements de préparation mécanique, les chaudières à vapeur et les moteurs, ainsi que les salines (art. 58 et 59), sont aussi soumis à cette surveillance.

Art. 197. — Les *Oberbergämter* ont le droit de rendre, pour toute l'étendue ou pour une partie de leur circonscription, des ordonnances de police sur les objets désignés à l'art. 196.

La publication a lieu dans la feuille officielle des gouvernements provinciaux dans le ressort desquels ces ordonnances doivent être observées.

Art 198. — Si un danger se déclare dans une mine, dans l'ordre des objets désignés à l'art. 196, l'*Oberbergamt* prend, par un arrêté, les mesures de police appropriées, après avoir entendu le propriétaire de la mine ou son représentant.

Art. 199. — Quand le danger est imminent, le fonctionnaire des mines du district prend aussitôt les mesures de police propres à le détourner, même sans entente préalable, avec le propriétaire de la mine ou son représentant. Il en donne en même temps avis à l'*Oberbergamt*.

L'*Oberbergamt* confirme ces mesures par un arrêté ou en suspend l'exécution. Les personnes susnommées sont d'abord entendues.

Art. 200. — Les dispositions prises en vertu des art. 198 et 199 sont portées à la connaissance du propriétaire de la mine ou de son représentant par la communication de l'arrêté de l'*Oberbergamt*, et, le cas échéant, des mesures prises par le fonctionnaire du district.

Elles sont portées à la connaissance du directeur des travaux (*Betriebsführer*) (1) et des agents de la mine au moyen de l'inscription qui en est faite par le fonctionnaire du district, ou sur ses indications, dans le livre (*Zechenbuch*) qui doit être tenu dans chaque mine à cet effet.

Quand la notification aux ouvriers est nécessaire, elle a lieu sur l'ordre du fonctionnaire du district par lecture ou par affiche dans les ateliers.

Art. 201. — Dans les cas de l'art. 199, l'exécution des mesures de police prises par l'ingénieur du district doit commencer aussitôt, sans égard à la réserve de confirmation ou de suspension par l'*Oberbergamt*.

L'exécution de ces mesures n'est pas suspendue par le recours.

Art. 202. — Si les mesures prises en vertu des art. 198 et 199 ne sont pas exécutées par le propriétaire de la mine dans le délai fixé, elles sont exécutées par le fonctionnaire de district aux frais du propriétaire de la mine.

Art. 203. — Dès qu'un danger se déclare dans une mine, dans l'ordre des sujets désignés à l'art. 196, le directeur des travaux, et, en cas d'empêchement, l'employé de la mine qui le remplace, doit en informer le fonctionnaire du district.

CHAPITRE 2. — DES MESURES A PRENDRE EN CAS D'ACCIDENTS.

Art. 204. — Quand dans une mine il arrive, au fond ou au jour, un accident qui cause la mort ou des blessures graves à

---

(1) *Betriebsführer* ne veut pas dire l'exploitant, mais le conducteur responsable des travaux, qui, en Allemagne, est le chef-mineur, qu'on peut appeler aussi directeur des travaux.

une ou plusieurs personnes, les agents des exploitants désignés à l'art. 203 sont tenus d'en informer sur le champ le fonction-- naire des mines du district et l'autorité de police la plus voisine.

Art. 205. — Le fonctionnaire du district ordonne les mesures nécessaires pour le sauvetage des personnes blessées ou pour éviter de plus grands dangers.

Le propriétaire de la mine doit mettre à sa disposition les ouvriers et les moyens nécessaires à l'exécution de ces mesures.

Les propriétaires des mines voisines sont tenus de prêter assistance s'il en est besoin.

Art. 206. — Tous les frais d'exécution des mesures ordonnées (art. 205) sont supportés par le propriétaire de la mine, sous réserve de son recours contre les tiers coupables de l'accident.

CHAPITRE 3. — CONTRAVENTIONS AUX PRESCRIPTIONS DE POLICE DES MINES.

Art. 207. — Les contraventions aux prescriptions des arti- cles 4, 10, 66, 67, 69, 71, 72, 73, 74, 80, 85, 93, 163, 200, 201, 203, 204 et 205, sont punies d'une amende qui peut s'élever à 50 thalers (187f,50).

Cette amende est aussi appliquée dans les cas des art. 67 et 69, 73 et 74, lorsque, en vertu des art. 70 et 75, l'exploi- tation doit être suspendue par l'autorité des mines.

Art. 208. — Les contraventions aux ordonnances de police rendues par l'*Oberbergamt* ou à rendre en vertu de l'art. 197, sont passibles de la peine de l'art. 207.

Cette peine s'applique aussi aux contraventions aux disposi- tions de police prises en conformité des art. 198 et 199.

Art. 209. — Les fonctionnaires de district doivent dresser des procès-verbaux pour les contraventions aux prescriptions de police (art. 207 et 208).

Ces procès-verbaux sont remis pour être poursuivis au pro- cureur d'Etat (*Staatsanwaltschaft*).

Le jugement appartient aux tribunaux ordinaires. Ceux-ci n'ont pas à examiner la nécessité ou la convenance des prescriptions de police rendues par les autorités des mines, mais seulement leur validité légale.

TITRE X. — DISPOSITIONS DE DROIT PROVINCIAL.

Art. 210. — Dans les contrées (*Landestheilen*) soumises au droit provincial publié pour la Prusse occidentale le 19 avril 1844, les mines de sel et de sources salées sont seules soumises aux dispositions de la présente loi.

Cependant, le troisième chapitre du titre III (Des ouvriers mineurs), le titre VII (Des associations de secours), et le titre IX (De la police des mines) doivent être appliqués aux exploitations de lignite dans ces contrées.

Art. 211. — Les minerais de fer sont exceptés des dispositions de la présente loi :

1° Dans le grand-duché de Silésie et le comté de Glatz ;

2° Dans la nouvelle Poméranie-Citérieure (*Neuvorpommern*) et l'île de Rügen ;

3° Dans les pays de Hohenzollern.

Art. 212 et art. 213 (1).

Art. 214. — Dans les contrées de la rive gauche du Rhin, les carrières d'ardoises, de *Trass*, et les carrières de pierres à meules exploitées par travaux souterrains, restent aussi à l'avenir soumises à la surveillance de police des autorités minières

Les titres VII et IX de la présente loi sont applicables à ces carrières.

TITRE XI. — DISPOSITIONS TRANSITOIRES.

Art. 215. — Les *champs* des demandes de concession en instance, lors de la mise en vigueur de la présente loi (art. 26 et suiv.), seront, sur la demande des ayant-droit, s'ils sont suivant le pendage des couches (*gestreckte Felder*) (2), trans-

---

(1) Abrogés par la loi du 22 février 1869 sur l'exploitation des charbons dans les contrées de l'ancienne Saxe, que nous publierons ultérieurement.
(2) Voir la note A, à la fin de cette loi.

formés en *champs équarris* à toute profondeur (*gevierte Felder*) ; s'ils sont équarris, ils seront augmentés jusqu'à concurrence de l'étendue permise par l'art. 27.

Une pareille demande équivaut, par rapport au périmètre non concédé et demandé, à un *Muthung* (demande sur découverte).

Pour les mines consolidées, la demande d'extension peut être faite pour chacun des *champs* séparément.

La demande d'agrandissement n'est plus recevable, si elle n'a pas été faite à l'autorité préposée à la réception des demandes en concession (art. 12), dans un délai de six mois, à partir de l'entrée en vigueur de la loi.

Art. 216. — Les *gestreckten Felder* (champs suivant le pendage) (1) des autres mines ne peuvent être complètement ou partiellement enclavés par le *champ* qui est l'objet d'une demande en transformation ou en extension, que si les propriétaires de ces mines déclarent leur consentement à l'autorité des mines, sur son invitation.

A défaut de ce consentement, le demandeur doit acquiescer à la limitation du *gevierten Felder* (champ équarri), telle qu'elle est, au besoin, fixée par un arrêté de l'*Oberbergamt*.

Art. 217. — Plusieurs demandes en transformation, ayant pour objet le même *champ*, donnent un droit égal à chacun des demandeurs. Il en est de même pour plusieurs demandes en extension comprenant le même *champ*.

En présence de cette compétition, la règle est le partage en parties égales, si l'on ne peut arriver à un traité d'union.

L'*Oberbergamt* est cependant autorisée à procéder à la concession autrement que par parties égales, si les convenances de l'exploitation l'exigent.

Art. 218. — Les demandes en transformation formées devant l'autorité préposée à la réception des demandes en concession

---

(1) Voir la note A, à la fin de cette loi.

(art. 12), dans un délai de six mois après l'entrée en vigueur de la présente loi, sont privilégiées à l'encontre des demandes en concession ou en extension, dans les limites de l'art. 27.

Les *gestreckten Felder* des mines déjà existantes ne peuvent être enclavés, sans le consentement exprès des propriétaires, par les *gevierten Felder* obtenus à la suite de demandes introduites dans le délai ci-dessus, si ces propriétaires n'ont pas formé de demande en transformation.

Art. 219. — Si, d'après le titre VI de la présente loi, une mine dont le *gestreckte Feld* est enclavé par le *gevierte Feld* d'une autre mine, se trouve déchue de sa propriété, le possesseur du *gevierte Feld* jouit du privilége de réunion de la concession déchue à la sienne propre, s'il exerce ce droit dans un délai de quatre semaines après la signification qui lui est faite de la déchéance par l'administration des mines.

La réunion est constatée par une addition supplémentaire à l'acte de concession, sans autre formalité.

Art. 220. — Les mines concédées avec champs équarris (*gevierten Felder*) dans le cercle de Wetzlar, en vertu des art. 156 et 157, 2ᵐᵉ partie, titre VI, du Code général (*Allgemeine Landrecht*), s'étendent en toute profondeur limitée par des plans verticaux.

Art. 221. — Celui qui, en vertu d'une demande en concession déposée avant la mise en vigueur de la présente loi, croira avoir un privilége sur tout ou partie du champ d'une mine déjà existante dans le même temps, doit le poursuivre par voie judiciaire, dans le délai d'un an, contre le propriétaire de la mine.

S'il n'est pas poursuivi dans ce délai, le privilége est éteint.

Art. 222. — Les dispositions de la présente loi, applicables aux mines déjà existantes, régissent également les mines autorisées conformément aux prescriptions légales antérieures pour l'extraction de minéraux non désignés à l'art. 1ᵉʳ de cette loi.

Art. 223. — Après la mise en vigueur de la présente loi, il

ne sera plus concédé de droits de galeries d'écoulement (*Erbs-tollenrechten*) ou *droits d'arène* (1).

En ce qui concerne les galeries d'écoulement existantes, les dispositions des lois précédentes sont maintenues, notamment en ce qui se rapporte aux modes de déchéance.

Sous l'empire du Code général (*Allgemeine Landrecht*), il n'est plus nécessaire, pour affranchir une mine des redevances dues à la galerie d'écoulement, par l'établissement d'une machine d'épuisement, d'obtenir une concession spéciale de droits d'arène *(Erbstollenrechten)* pour cette machine : il suffit, pour l'affranchissement, d'observer les stipulations des art. 468 et suivants, 2me partie, titre XVI du Code général. La machine d'épuisement ne jouit pas des droits de la galerie d'écoulement.

Art. 224. — Toutes les parts franches (*Freikuxe*), de quelque nature qu'elles soient, sont exclues de la propriété minière concédée après l'entrée en vigueur de la présente loi.

Les parts franches acquises avant cette époque par les églises et les écoles, le fonds des parts libérées de Silésie (2) (*Schlesische Freikuxgelderfonds*), et les propriétaires du sol continuent à jouir des mêmes droits de part de bénéfices de la mine, fixés par les lois antérieures.

La suppression des deux parts franches de la Caisse de secours et de la Caisse des pauvres, d'après l'art. 9 de la loi du 10 avril 1854 sur les Caisses de secours, ne modifie ni la part de bénéfice des autres parts franches, ni le nombre des parts sociales.

Le rachat des parts franches est laissé à la libre entente des intéressés.

Art. 225. — Après la mise en vigueur de la présente loi, le

---

(1) Le *droit d'arène* est une expression belge, du pays de Liège surtout.

(2) Il existe, en Silésie, un fonds formé par les revenus de certaines parts de mines libérées ; ce fonds, réservé à l'entretien des écoles et des églises, se composait, à la fin de 1866, d'une somme de 312.496 fr. Ces *parts libérées* sont exemptes de tout versement à faire pour des travaux.

droit d'exploitation par moitié ne peut être invoqué dans les contrées où il a légalement subsisté jusqu'à présent, que si la déclaration en a été déposée avant cette époque, ou dans le délai de trois mois accordé pour cette déclaration.

Toute prétention au droit d'exploitation par moitié pour laquelle la déclaration prescrite pour sa validité n'a pas été faite, doit être poursuivie en justice dans le délai d'un an à dater de l'époque susdésignée, si l'on veut éviter la forclusion (*Präklüsion*).

Art. 226. — Les rapports légaux des Sociétés minières existantes dans les contrées de la rive droite du Rhin, lors de l'entrée en vigueur de la présente loi, sont régis d'après les prescriptions du IVe titre, tout autant qu'il n'existe pas de conventions contractuelles et qu'il n'est pas disposé autrement par les art. 227 à 239 qui suivent.

Art. 227. — Les art. 94 à 98, 101, 103, 105, 106, 108, 109 et 110 ne sont pas applicables aux mines existantes.

Art. 228. — La division en parts (*Kuxe*) usitée jusqu'à présent est maintenue. Cependant, dès à présent, une part ne peut être divisée qu'en dix parties.

Les parts conservent la qualité d'immeubles.

Art. 229. — Les associés peuvent être inscrits au livre des hypothèques comme propriétaires de leurs parts, autant que l'organisation hypothécaire le permet.

Art. 230. — Les associés peuvent hypothéquer leurs parts.

L'hypothèque de la mine entière, à la suite d'une décision prise à la majorité des voix (art. 114), n'est admissible que si les parts ne sont pas déjà hypothéquées. Dans le cas contraire, l'unanimité est nécessaire.

Art. 231. — Les dispositions relatives à l'hypothèque et à l'aliénation des terrains sont applicables aux parts (*Kuxen*).

Art. 232. — La prescription de l'art. 107, disposant que la perception des versements qui frappent la part doit être exécutée avant son aliénation, s'applique également à l'art. 231.

Art. 233. — Les pouvoirs spéciaux, remis aux représentants ou aux comités, sont applicables, sauf la disposition de l'article 121 sur la tenue du livre des actionnaires *(Gewerkenbuch)* et la délivrance des titres de parts (*Kuxscheine*).

Art. 234. — Dans les cas des art. 130 à 132, la vente des parts a lieu par voie d'adjudication forcée, et l'inscription de la part invendable est faite au livre des hypothèques, autant que l'organisation hypothécaire le permet.

Art. 235 (Abrogé par la loi du 10 avril 1873, relative à la modification de l'art. 235 de la loi générale des mines du 24 juin 1865 (1). Les articles substitués par cette loi d'avril sont les suivants) :

Art. 235 *a*. — Toute Société déjà existante peut se soumettre aux dispositions du titre IV qui, d'après l'art 227, ne sont pas applicables aux mines existantes, et notamment fixer le nombre des actions à cent ou mille sur la stipulation que ces nouvelles parts auront la caractère de valeurs mobilières. La décision doit être prise à la pluralité des trois quarts au moins de toutes les parts, sauf conventions contractuelles contraires.

Si la division ci-dessus présente des difficultés considérables, le ministre du commerce, de l'industrie et des travaux publics peut, à titre exceptionnel, fixer un autre nombre de parts et le porter à 10.000.

Art. 235 *b*. — La décision de la Société est soumise à la sanction de l'*Oberbergamt*.

Le procès-verbal de l'assemblée des actionnaires, dans laquelle la décision a été prise, doit être notarié ou judiciaire, et une expédition doit en être remise à l'*Oberbergamt*. Le bureau des hypothèques, quand l'organisation hypothécaire le permet, fait mention de la décision sur ses registres, sur la production d'une expédition du procès-verbal de l'assemblée, et transmet à l'*Oberbergamt* une copie certifiée de cette mention. La sup-

---

(1) Cette loi de 1873 est valable pour toute l'étendue de la monarchie prussienne.

pression de la mention a lieu sur la demande de l'*Oberbergamt*.

Art. 235 *c*. — Si des hypothèques ou des priviléges du droit rhénan grèvent les parts sociales, l'objet essentiel de la décision, et en particulier le nombre des nouvelles parts, est porté par l'*Oberbergamt* à la connaissance des créanciers inscrits aux registres des hypothèques, à moins que leur adhésion expresse à la décision prise n'y soit jointe ; la signification porte mention de cet article et des deux suivants.

En tout cas, elle est publiée dans la feuille officielle du gouvernement dans le ressort duquel est située la mine.

Art. 235 *d*. — Les créanciers privilégiés du droit rhénan et les créanciers hypothécaires peuvent exiger d'être désintéressés avant l'échéance, autant que le permet la nature de l'obligation.

Ce droit doit être poursuivi judiciairement dans les trois mois du jour de la signification ou de la publication par la feuille officielle, et, dans ce même délai de trois mois, l'instance doit être dénoncée à l'*Oberbergamt*. L'instance introduite doit se poursuivre judiciairement sans interruption. L'inobservation de ces prescriptions entraîne la perte du droit.

Art. 235 *e*. — S'il n'y a pas de créanciers privilégiés ou hypothécaires, ou s'ils n'ont pas usé du droit d'exiger leur désintéressement avant l'échéance, ou si ce droit est éteint, soit d'après les dispositions qui précèdent, soit par un accord amiable, l'*Oberbergamt* n'a qu'à confirmer la décision et à faire publier sa confirmation dans la feuille officielle du gouvernement provincial dans le ressort duquel est située la mine.

Art. 235 *f*. — Les créanciers privilégiés du droit rhénan et les créanciers hypothécaires dont le privilége ou le droit réel n'est acquis qu'après la publication de la décision dans la feuille officielle ou après mention de cette décision sur les registres d'hypothèques, sont assujettis aux conséquences légales de cette décision.

Art. 235 *g*. — Si par la nouvelle répartition il reste en excédant des fractions de parts (*Kuxtheile*), la vente à l'encan en est opérée, par le juge compétent, après le rassemblement de toutes les parts, en vertu de la décision confirmée, sur la demande du représentant ou du comité de la mine, en tant que les associés intéressés à ces parties en excédant ne se sont pas mis d'accord. Cette vente éteint tous les priviléges du droit rhénan, les droits réels et les hypothèques qui frappaient les parties de parts en excédant.

Les frais de la vente incombent à la société.

Art. 236. — Autant qu'il n'en a pas été convenu autrement, les nouvelles parts (*Kuxen*) qui remplacent les parts engagées (*Antheile*), servent de garantie aux anciens créanciers hypothécaires, selon le rang fixé par leur droit hypothécaire.

Lorsque, d'après l'organisation hypothécaire, les hypothèques et autres droits réels reposant sur les parts sociales sont inscrits sous la deuxième et la troisième rubrique du folio du registre, cette inscription est reportée textuellement sur les certificats de parts (*Kuxscheine*).

La radiation de cette mention a lieu d'après les mêmes prescriptions que pour la radiation au registre des hypothèques.

Art. 237. — Si, d'après l'art. 236, une part (*Antheile*) est frappée de droit de nantissement en remplacement d'hypothèques antérieures, le certificat de parts (*Kuxschein*) délivré est remis au créancier hypothécaire lorsqu'il est unique, et, dans dans le cas où il existe deux ou plusieurs créanciers, le certificat est retenu et conservé par l'autorité hypothécaire (article 239).

Art. 238. — La vente des titres de parts, en vue de désintéresser les créanciers hypothécaires, a lieu par voie d'adjudication mobilière (art. 109).

La date de l'adjudication est portée à la connaissance de tous les intéressés réels désignés par le *Kuxscheine*.

La vente éteint toutes les prétentions réelles qui reposaient sur la part vendue.

Le prix en est distribué aux créanciers, d'après le rang de leurs créances.

Art. 239. — Si, par suite de l'exécution d'une décision tombant sous l'application de l'art. 235, les parts de quelques membres sont frappées de droits de nantissement en remplacement d'hypothèques antérieures, la tenue du registre social (*Gewerkenbuch*) et l'expédition des *Kuxscheine* (art. 103 et 121), sont faites par l'autorité hypothécaire qui doit tenir le livre des hypothèques ayant rapport à la mine même.

Art. 240. — Cette loi ne change rien aux rapports légaux des co-intéressés qui, lors de son entrée en vigueur, possèdent des mines en commun dans les contrées de la rive gauche du Rhin. Cependant, les dispositions de l'art. 134 sont applicables à ces mines.

Les co-intéressés d'une telle mine peuvent, par une décision prise à la majorité des trois quarts au moins des parts (*Antheile*), adopter la constitution sociale du titre IV de la présente loi (art. 94 à 132), si des conventions contractuelles ne s'y opposent pas.

La décision doit être notariée.

Art. 241. — Dans les cas où, avant l'entrée en vigueur de la présente loi, des terrains auraient été cédés en toute propriété ou par occupation temporaire pour l'exploitation, les art. 137 à 241 ne sont pas applicables, mais bien les lois antérieures.

TITRE XII. — DISPOSITIONS FINALES.

Art. 242. — Lorsqu'un délai en nombre de mois est fixé par cette loi, le terme du délai tombe sur le jour du dernier mois qui correspond par sa date au jour d'origine du délai. Si ce jour manque, le délai prend fin avec le dernier jour du mois.

Art. 243. — La présente loi des mines entre en vigueur dans toute l'étendue de la monarchie, le 1er octobre 1865.

Art. 244. — A cette époque seront abrogés : les ordonnances provinciales des mines, les art. 6 et 69 à 480 du titre XVI du Code général prussien, le droit commun allemand des mines, la déclaration du 27 octobre 1804, la loi du 1er juillet 1821 sur la concession de la propriété minière, la loi du 12 mai 1851 sur les rapports des copropriétaires d'une mine, la loi du 10 avril 1854 sur la corporation des mineurs, la loi du 21 mai 1860 sur la surveillance de l'exploitation et les rapports des ouvriers des mines et de la métallurgie, la loi du 10 juin 1861 sur la compétence des *Oberbergämter*, la loi des mines du 21 avril 1810 (1) pour la rive gauche du Rhin, le décret du 18 novembre 1810 sur l'organisation du corps des mines, le décret sur la police des mines du 3 janvier 1813 (1), et toutes les autres lois générales ou particulières, ordonnances et coutumes sur la matière à laquelle la présente loi se rapporte.

Art. 245. — La loi du 5 juin 1863 reste en vigueur pour l'administration des Caisses de secours.

La présente loi ne modifie en rien les prescriptions relatives à l'établissement et à la perception des redevances des mines (2).

Les règlements de police rendus jusqu'à présent par les autorités des mines restent en vigueur tout autant qu'elles ne sont pas en opposition avec la présente loi.

Art. 246. — Les registres hypothécaires tenus jusqu'à présent par des Commissions particulères de l'administration des mines devront être remis aux tribunaux ordinaires (3).

L'époque de cette remise et de la dissolution des Commissions hypothécaires sera fixée par une ordonnance royale.

Les dispositions particulières sur l'organisation et la tenue

---

(1) Napoléon 1er.

(2) L'impôt sur les mines consiste en une redevance proportionnelle de 2 % de la valeur des produits vendus, ladite valeur étant comptée au moment de la vente; il est déduit de cette valeur des frais de criblage, de vente, l'amortissement des embranchements ferrés, etc.

L'impôt ou redevance se règle toujours par voie d'abonnement ou d'évaluation préalable, pour toute l'année, de la valeur du produit à extraire.

(3) Rendu exécutoire pour l'Etat prussien tout entier.

des registres hypothécaires restent en vigueur, tout autant que l'art. 97 n'y apporte pas de modification.

Art. 247 (Abrogé par l'ordonnance du 15 mars 1869).

Art. 248. — L'ordonnance rhénane de *Subhastation* (vente à l'encan), du 1er août 1822, est modifiée de la manière suivante, en ce qui se rapporte à la vente (*Subhastation*) des mines ou parties de mine :

1° Les nos 2 et 3 de l'art. 4 et les dispositions correspondantes, sous les numéros 2 et 3 de l'art. 12, n'ont plus d'application.

Une description précise de la mine, dressée par le fonctionnaire des mines du district, est suffisante.

2° Dans tous les cas, le terme d'offre de mise à prix est reporté à trois mois et le cahier des charges *(Subhastations-patent)* publié selon les formalités prescrites par l'art. 14, n° 11.

Les art. 2 et 3 de cette ordonnance de subhastation ne sont pas applicables aux subhastations à introduire en vertu du titre VI de la présente loi.

Art. 249. — Les prescriptions particulières sur le droit de participation des créanciers à la distribution du prix d'achat et aux revenus des mines en liquidation et en subhastation forcée, sont abrogées.

Les ouvriers des mines ont, au contraire, sur le réliquat de la dernière année pour leurs salaires et autres émoluments, le privilége de l'art. 50 de l'ordonnance de liquidation du 8 mai 1855, et, dans les territoires de droit rhénan, le privilége de l'art. 2101, n° 4, du code civil français.

Art. 250. — La présente loi ne change rien aux droits régaliens des anciens seigneurs féodaux (*reichsunmittelbaren Standesherren*) (1), non plus qu'aux droits régaliens acquis, en vertu de titres, dans certains districts, sur tous les minéraux en général, ou seulement sur quelques-uns.

---

(1) Cette expression, désignant une certaine classe de seigneurs, ne peut guère être traduite en français.

Dans ces contrées, l'exploitation des mines est cependant soumise aux dispositions de la présente loi, mais sans préjudice de ces droits.

Les autorités des mines légalement établies restent en activité. Les instructions de service formulées par ces autorités doivent être mises en concordance avec la présente loi.

NOTE A.

SUR LES EXPRESSIONS *gestreckte Feld*, *gevierte Feld*.

Les expressions de *gestreckte Feld*, *gevierte Feld*, sont difficiles à rendre en français. Elles demandent une explication détaillée.

Le *gestreckte Feld* (champ couché) est la concession donnée sur une ou plusieurs couches, suivant le pendage. La délimitation de ces concessions sur trois côtés est parfaitement délimitée, perpendiculairement à la direction par deux plans verticaux, sur le 3me côté par le mur de la couche ou filon. Le 4me côté, en aval du pendage, n'est pas toujours connu d'avance. Par exemple, dans le cas de couches en selles et fonds de bateau, qui est l'allure générale du terrain houiller de la Ruhr, il sera délimité par la ligne d'ennoyage du fond de bateau ou naye dont on exploite un pendage.

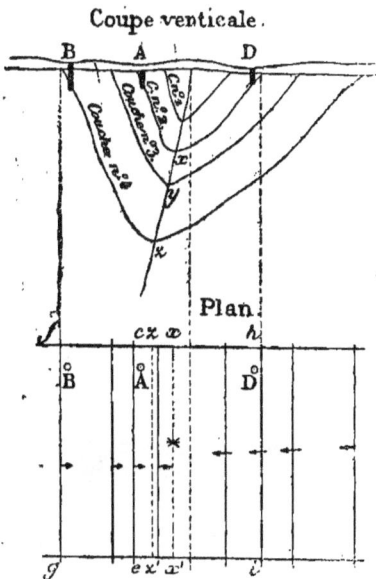

Coupe verticale.

Plan.

Les croquis ci-contre feront mieux comprendre ces explications.

Supposons trois découvertes faites en A, B, D, sur des couches en fond de bateau, comme le montre la coupe.

La découverte A obtient la concession en *gestreckte Feld*, c'est-à-dire suivant le pendage, de A en x, sur la couche n° 2. La découverte D, faite sur le pendage opposé, reçoit la concession, de D, jusqu'en x également, sur la couche n° 2. Au point de rencontre de la ligne d'ennoyage xx', le droit d'exploitation cesse pour chacune d'elles. Ces concessions ne s'étendent pas aux couches voisines n°s 3 et 4, qui font l'objet de concessions spéciales.

En plan, la concession de la découverte A serait délimitée, par exemple, par $cexx'$; la concession B par $fgzz'$, la concession D par $hixx'$.

Ce mode de concession, très-répandu autrefois, ne s'applique plus : il donnait lieu à de nombreuses contestations.

Le *gevierte Feld (champ équarri)* est la concession ordinaire, limitée par des plans verticaux se prolongeant à toute profondeur, donnant droit à l'exploitation de tout le minéral concédé et contenu dans le cube défini par les plans verticaux.

Saint-Etienne, imp. Théolier frères.